KB200864

기도는 사라지지 않는다

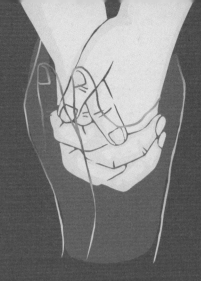

기도는
사라지지 않는다

최상훈

규장

최상훈 목사님은 기도하는 소년입니다. 적금통장보다 더 값진 기도통장을 가진 하나님의 아들이며 가난도 애달픈 시련도 많은 눈물도 복이 된 기도의 사람입니다. "주께 힘을 얻고 그 마음에 시온의 대로가 있는 자는 복이 있나이다 그들이 눈물 골짜기로 지나갈 때에 그곳에 많은 샘이 있을 것이며 이른 비가 복을 채워주나이다 그들은 힘을 얻고 더 얻어 나아가 시온에서 하나님 앞에 각기 나타나리이다"(시 84:5-7)라는 말씀처럼 책을 읽는 내내 마음 졸이며 목사님과 교회의 신앙 여정을 따라가다 보니 어느새 시원한 샘물을 마시듯 기쁨이 되고 마음에 시온의 대로가 있는 '순종의 전문가'임을 발견하게 됩니다.

그 누구도, 그 무엇도 막아설 수 없는 하늘의 도우심과 힘으로 이 땅을 정복해가는 교회의 승리를 보여주셔서 감사합니다. 지금처럼 어려운 시기에 변함없는 기도로, 순종의 전문가 되어 주님을 따르기를 원하는 모든 분께 기쁨으로 이 책을 추천합니다.

김용의 | 로그미션 대표

최상훈 목사님의 책을 소개하는 것이 너무 기쁘고 감사합니다. 아프리카 케냐와 우간다, 미국 알래스카, 미국 벤추라감리교회, 이곳들은 최상훈 목사님이 화양교회 담임목사가 되기 전 사역했던 곳입니다. 사랑하는 아내가 풍토병으로 고생하고, 사랑하는 아들을 선교지에 묻는 아픔을 겪으면서도 목사님은 꿋꿋이 순종의 길을 걸었습니다. 한마디로 하나님께서 주목하시는 곳, 주님의 마음이 있는 곳에서 헌신하셨습니다.

화양교회 담임목사로 부임한 후에도 엄청난 부흥이 일어났는데, 특히 청년들의 부흥이 특별했습니다. 하나님을 경험하는 은혜의 세계로 온 성도들을 인도하고자 했던 목사님의 마음과 하나님의 은혜 덕분입니다. 저도 화양교회에 말씀을 전해달라는 요청을 받고 갔던 날, 교회의 영적 분위기와 예배의 열기에 깜짝 놀랐고 깊은 도전을 받았습니다.

최상훈 목사님의 이 책은 목사님의 삶과 사역 그리고 목회의 여정을 담아내었습니다. 한마디로 주님과 동행하였던 기록이며 기도의 삶, 헌신과 순종의 삶의 이야기들로 저도 눈물로 읽어내려간 페이지가 많습니다. 이처럼 여전히 예수님과 친밀히 동행하는 증인과 교회가 있음이 너무나 감사하고 놀라울 따름입니다.

유기성 | 위드지저스미니스트리 이사장

살면서 궁금해지는 사람이 있습니다. 최상훈 목사님이 그런 분 중 한 분이십니다. 화양감리교회에 간증집회 요청을 받고 처음 마주한 목사님의 첫인상은 선하셨고, 대화를 나누면서도 겸손함이 일상이신 분 같다는 생각이 들었습니다.

여기까지는 다른 목사님들께도 똑같이 받는 인상이었는데, 짧은 대화 중 인생의 대부분을 선교로 보내셨다고 들었을 때는 선교지에서 다져진 섬김의 차원의 깊이가 느껴졌습니다. 그렇게 목사님과의 짧지만 강렬한 만남 이후 약 2년이 흘렀고 이 책을 받게 되었습니다. 잠깐의 만남이었는데도 기억해주시고 책을 보내주셔서 다시 한 번 감동을 받았습니다. 책을 읽기 시작하는데 몇 장 넘기기 시작하면서부터 눈물이 멈추지 않았습니다.

"하나님, 정말 감사합니다!" 이 책을 읽기 시작하면서 마지막 장까지 입에서 이 말이 수십 번은 튀어나온 것 같습니다. 어린 소년의 전적인 믿음과 작은 순종, 모든 고난의 순간 오직 주님만을 바라보고 온전한 그분의 계획만을 믿고 따르며 무릎으로 나아가는 한 사람의 성장기가 담담히 쓰여 있었습니다. 주님께서 우리를 얼마나 사랑하시고 기대하시며 기뻐하시는지, 우리가 주님께 어떤 중심을 드리며, 삶 가운데 어떤 영적 싸움을 해야 하는지, 온전한 순종과 겸손의 진정성과 절절함에 감사하며 책을 읽는 내내 주님을 향한 회개와 사랑이 뜨겁게 부어졌습니다.

마지막 때를 지나고 있는 이 시기에 전심으로 기도하며, 나 중심적인 신앙이 아닌 하나님의 동선을 따라가며 진짜 기쁘게 순종하는 그리스도인의 정체성을 회복하기를 원하는 분들과 영혼이 침체되어 있는 분들께 좋은 길잡이가 될 수 있는 책이라 믿어 의심치 않습니다. 제가 이 책을 읽게 된 것도 하나님의 인도하심이자 은혜임을 고백하며 하나님께서 만들어 가신 최상훈 목사님의 인생을 통해 제게도 선물을 주심에 감사합니다.

천정은 | 《나는 주님의 것입니다》의 저자

나는 기도가 가장 좋았다!

"상훈아, 내가 너의 기도를 통장처럼 찾아 쓸 것이다."

가족들이 치료 중인 응급실 복도에서 하나님께서 나에게 주신 하나님의 음성이었다. 가족들이 탄 차가 교통사고가 나서 가족이 모두 응급실로 향하고, 나만 그 차를 타지 않아 머리털 하나도 상하지 않았다.

아프리카에서 권총 강도를 만났을 때도, 나이로비 폭동이 일어나 무력 시위대에 포위되었을 때도, 같은 시각 한국에서 나를 위해 기도해준 교인들의 중보기도의 힘으로 나는 무사히 빠져나왔다. 이후에도 하나님께서는 내 삶에 여러 기적을 행하시고 그때마다 어린 시절 기도하던 모습을 떠올리게 하셨다.

어렸을 때는 그저 기도 시간 자체가 좋아서 몇 시간씩 앉아 있곤 했다. 그런데 시간이 흘러 그때 쌓아 올린 기도가 몇십 년이 지난 지금까지도 내 삶 가운데 풀어지고 생생하게 역사하는 것을 보면서 나는 기도의 힘을 실감하게 되었고, 기도의 시간

이야말로 주님과의 가장 행복한 동행이라 여기게 되었다.

　그렇게 해서 나는 '기도목회'라는 목회의 방향을 정하게 되었고, 현재 담임하고 있는 화양감리교회에서도 매년 '기도통장운동'을 하고 있다. 성도들이 기도를 통해 본질을 붙들고 만민이 기도하는 아버지의 집을 사모할 때 구하지 않은 것까지 응답받고, 문이 다 열리고, 모든 묶인 것이 풀어질 것을 굳게 믿는다.

기도는 그런 것이다 1 – 영적인 연결이다

그런데 기도통장운동에 앞서 반드시 선행되어야 할 것은 기도의 영적 원리를 깨닫는 것이다. 기도의 영적 원리를 확실히 이해하지 않으면 기도가 마치 신에게 치성을 드리며 노력하여 소원을 이루는 종교적 행위로 치부될 수 있기 때문이다. 아무리 기도를 많이 해도 내가 누구인지 확실하지 않으면 기도의 본질에서 벗어날 수 있기 때문이다.

태초에 우리는 하나님의 형상대로 지음을 받았다. 그 말은 곧 우리의 모습에 하나님이 반영되었다는 뜻이다. 하나님은 영이시므로 우리도 하나님의 온전한 영을 받았고, 하나님께서 만물을 통치하시는 것처럼 우리도 만물을 다스리도록 창조되었다. 주님은 자기 형상을 닮은 우리에게 모든 만물을 다스리라고 하셨을 만큼 우리와 교제하기를 너무나 원하셨고, 또 동역하기를 바라셨다.

그러나 인간의 죄로 인해 영이 훼손되면서 하나님과 교제할 수 있는 통로가 단절되었다. 하나님은 하나뿐인 아들을 보내주셨고 그 아들 예수의 십자가 피로 우리를 죄에서 구원하셨다. 우리가 다시 그분과 교제하며 동역하는 가장 본질적인 통로는 두말할 것 없이 기도하는 것이다. 그래서 기도는 행위가 아닌 관계이다. 하나님과 단절되었던 관계가 다시 연결되었다는 가장 강력한 표현이 바로 기도이기 때문이다.

따라서 기도의 본질은 어떤 것을 얻기 위한 수단이 아닌 '관계'이다. 누군가를 사랑하면 더 오래 같이 있고 싶고, 더 많이 이야기하고 싶은 것처럼, 하나님을 사랑하면 하나님 앞에 더 오래 머물고 싶어진다. 나와 교제하기 원하시는 하나님, 나를 사랑하시는 하나님을 만나는 것이 기도의 궁극적인 목적이 되는 것이다.

내가 처음 기도를 시작했을 때 그냥 교회에 앉아 있기도 하고, 찬양을 듣거나 부르기도 한다. 그렇게 "아버지 집에 왔습니다"라고 말하고 하나님 앞에 엎어지는 시간이 쌓이다보면 그분과 친밀해지고, 그분의 본심을 깨닫고, 실재를 경험하고, 궁극적으로 내 삶을 붙들어주신 하나님의 선하심을 발견하게 된다.

기도는 그런 것이다 2 - 영의 활성화다

기도에 담긴 원리를 깨닫게 되면 기도의 자리가 더욱 소중하게 느껴진다. "주와 합하는 자는 한 영이니라"(고전 6:17)라는 말씀이 성경에 나와 있다. 내가 주님과 하나의 영으로 연합되었다는 사실이 얼마나 귀하고 영광스러운가!

예수님의 피 값으로 소중하게 받은 새 영은 가만히 놔두면 자라나지 않는다. 어린아이가 자라나는 것처럼 우리의 영도 자라나려면 잠시 호흡하는 것이 아니라 지속적인 호흡이 필요하다. 호흡이 멈추면 생명이 끝나는 것처럼 영혼의 호흡인 기도를 멈추면 우리는 건강한 영적 상태를 유지할 수 없다.

또 새 컴퓨터를 사면 가장 먼저 전원 켜는 법과 각종 기능을 조작하는 방법을 새롭게 배워야 하는 것처럼 우리도 새 영을 받았으니 그 영을 활성화시키는 방법을 배워야 한다. 세상에서 보여지고 만져지는 물리적인 환경을 우리가 어떤 시선으로 바라보고, 어떻게 말하고, 어떻게 판단해야 하는지 우리는 다 알지 못한다. 그래서 하나님께 물어야 한다. 내 상황보다 하나님의 뜻을 더 높게 두고 배워가야 한다. 그것이 바로 기도이다.

기도는 그런 것이다 3 - 응답이다

천사가 성도의 기도를 담은 금 향로를 들고 제단에 서 있다. 그는 하나님의 보좌 앞 금 제단에 그것을 드린다. 쓰레기는 쓰레기통에 버려지고, 서류는 서류함에 넣듯이, 기도가 금 제단에 드려진다는 것은 기도가 금처럼 소중하기 때문이다. 하나님은 우리의 기도를 소중히 여기신다. 이것을 반드시 명심하자.

　기도통장운동을 시행한 첫해에 주변 사람들로부터 이런 질문을 받은 적이 있다. "예수 믿는 사람들이 자녀를 위해 기도하는 것과 수능 100일 전부터 삼천 배를 하는 사람들이 뭐가 그리 다르냐"는 것이었다. 물론 다른 종교에서도 동일하게 '기도'라는 단어를 사용한다. 그러나 그들에게는 기도하는 과정이 즐겁지 않을 것이다. 단순히 기도를 수단으로 자신의 목적을 이루려는 마음이 더 강할 것이다. 목적을 이루기 위한 행위로써 기도하기 때문에 기도가 마치 인내의 과정처럼 여겨지기도 할 것이다.

그러나 기도는 자신의 노력으로 목표에 도달하는 방식이 아니다. 내가 몇십 년간 경험했던 기도의 본질은 절대 그렇지 않다. 나 또한 구하면 주시고 두드리면 열리는 기도 응답의 원리를 믿는다. 하나님께서는 어린 시절부터 지금까지 나의 많은 기도를 들으시고 그분의 선하심으로 응답해주셨다. 그러나 응답되기만을 간절히 바라는 마음은 기도의 본질이 아니다. 기도는 알라딘의 요술 램프가 아니기 때문이다.

기도의 본질을 묵상할 때마다 나는 예수님께서 잡히시기 전날 밤의 장면을 떠올리게 된다. 예수님께서는 자신이 가장 힘들었던 순간 제자들에게 "여기 머물러 나와 함께 깨어 있으라" 하고 기도를 부탁하셨다. 힘들어하는 사람의 부탁을 마음을 다해 들어주듯, 예수님께서 가장 힘들 때 그분의 마음을 가장 든든하게 하는 것은 바로 기도였다.

이처럼 기도는 수단이 아닌 영적인 연결을 의미하며, 그분과 함께 교제하는 것을 뜻한다. 예수님도 공생애 기간 내내 주야로, 새벽 미명이나 늦은 밤까지, 때와 장소를 가리지 않고 기도 시간을 확보하셨다. 그렇게까지 기도하셨던 이유는 단 한 가지, 하나님 아버지와의 관계를 분리된 채로 조금도 방치하고 싶지 않으셨기 때문이었다.

매해 기도통장운동을 할 때마다 많은 간증문이 쏟아진다. 그

간증문에는 하나님께서 개개인에 맞게 내려주신 응답의 역사들, 깨닫게 하신 은혜의 흔적들이 가득 적혀 있다. 그렇다. 기도는 교제로만 끝나지 않는다. 하나님께서는 기도 후에 오는 많은 축복을 약속하셨다.

우리가 기도를 하면 할수록 보이지 않는 영적 세계가 활성화되어 의심과 걱정이 사라지고 믿음이 견고해진다. 하나님께서 우리의 기도에 이미 응답하셨지만, 육신의 눈으로는 보이지 않아 믿음이 흔들릴 때도 있을 것이다. 이때 기도를 통해 영이 활성화되면 하나님을 더 굳게 신뢰하게 된다. 또한 주님을 의심하지 않도록 우리 안에 계시는 성령님께서 친히 도와주신다.

때때로 기도하다가 문제 해결의 '마스터키'를 얻게 될 수도 있다. 하나님께서는 기도하는 다윗에게 그를 향한 놀라운 계획들을 알게 하셨다. 구하지 않아도 받게 되는 것들, 기도를 통해 누리는 좋은 것들은 기도의 본질은 아니지만 자연스레 얻어지는 하나님의 선물이다.

견고한 기도생활을 위하여

매해 시행되는 기도통장운동이 어느새 교회의 분위기를 새롭게 바꾸어 나갔다. 처음에는 각자 자신의 기도 제목을 적고 시작하기도 한다. 그러나 기도가 깊어질수록 기도 제목을 응답받는 데 집중하기보다 기도를 통해 하나님과 교제하는 데 더 집중하게 되는 것을 보게 되었다. 기도의 본질 자체가 우리가 원하는 바를 구하는 것보다, 우리 안에 거하시는 하나님의 영과 합하여 호흡하는 데 있다는 사실을 성도들이 기도를 통해 몸소 깨닫기 시작한 것이다.

처음 기도를 시작하는 성도들에게는 오래 기도하는 것이 막막하게 여겨질 수도 있다. 분명하게 말할 수 있는 것은 기도도 해본 사람이 더 오래 할 수 있다는 사실이다. 5분 짧게 기도하는 것만으로 깊은 교제가 이루어진다면 굳이 오래 기도할 필요가 없을 것이다. 처음 만난 사람과 친해지려면 식사도 하고, 카페도 가고, 오래 대화를 나누어야 깊은 대화도 나누게 되는 것처럼 하나님과의 깊은 교제를 원한다면 더 오래 기도의 자리에 머물러야 한다. 나 또한 오래 기도하면 할수록 주님과의 교제가 더 깊어졌고, 그 시간을 통해 평안함과 담대함을 얻을 수 있었다.

오래 앉아 있는 것 자체가 힘들다는 성도들도 있었다. 그러나 우리가 세상의 일을 하거나 공부할 때도 엉덩이 붙이는 싸움부터 해왔다. 기도도 마찬가지라고 생각한다. 믿음의 선배들도 우리와 같은 훈련의 과정을 거쳐왔다. 초대교회의 교부들도 루틴을 정하면서 규칙적으로 기도했다. 그렇게까지 한 이유는 시간을 정해야 견고함이 생기고 영적으로 더 활성화될 수 있기 때문이다.

루틴은 '적당한 순서로 배열된 일련의 명령'을 뜻한다. 루틴이 되고 체질이 될 때까지 기도하지 않으면 주변에 시선을 빼앗기고 주의가 흩어진다. 주변 상황이나 환경에 영향을 받게 되면 하나님이 아닌 다른 것을 의지하게 되거나 사람의 말에 넘어져서 낙심에 빠질 수도 있다. 기도는 이런 상황 속에서 우리의 시선을 하나님께 고정시키는 중요한 역할을 한다. 우리는 마음을 빼앗기지 않고 주님 앞에 집중함으로 영적 세계를 살아가는 연습을 해야 한다. 그러기 위해서 기도로 영을 강하게 만들어야 한다. 이 땅에 사는 동안 우리는 매 순간 마음을 뺏고 빼앗는 영적 전쟁 중이기 때문이다.

기도의 세계를 열어가라

내가 초등학생 때, 처음에는 30분 기도하는 것도 힘들어서 앉았다 일어났다를 반복하기도 했다. 그래서 일단 엉덩이를 붙이고 교회에 앉아 있는 것부터 했다. 일단 앉아서 앞에 걸린 십자가만 바라보았다.

기도는 어렵다고 무작정 포기하면 안 된다. 기도도 차근차근 양을 늘려가는 워크아웃의 과정이 필요하다. 스케이트화를 처음 신어본 사람에게 트리플 악셀부터 해보라고 하는 사람은 없다. 할 수 있는 것부터 조금씩 연습해가는 것이다. 기도통장은 기도를 연습해가는 좋은 방법이다. 내가 목회하는 교회의 성도들은 이를 통해 기도 루틴이 세워지고 견고해지는 효과를 경험했다.

무슨 기도를 해야 할지 모른다고 말하는 성도들에게는 더 쉬운 방법을 추천하기도 한다. 조용기 목사님은 기도가 되지 않는 날이면 주기도문을 몇십 번씩 읽어나갔다고 한다. 때로는 시편 23편을 50번, 60번씩 읽기도 하며 스스로 기도하는 훈련을 해나갔다고 한다. 찬양을 부르는 것도 좋은 방법이다. 찬양은 곡조 있는 기도이기에 좋아하는 찬양을 부르다보면 기도에 들어가기가 훨씬 수월해진다. 나도 교회에 앉아 좋아하는 찬양을 몇 곡씩 부르며 묵상에 들어가기도 했다. 다양한 방법을 시도하며 앉아 있는 훈련부터 해나가야 한다.

우리는 다 새 영으로 거듭난 사람들이다. 하나님나라의 백성으로 새롭게 태어났다. 하나님께서 기뻐하시는 방식을 배워가려면 당연히 시간이 필요하고 연습이 필요하다. 그런 의미에서 기도통장은 우리를 기도의 세계로 재미있게 이끌어나가는 통로가 될 것이다. 우리 안에 계신 성령님께서도 그 모든 걸음의 과정들을 가장 가까운 곳에서 가장 친밀하게 도우시리라 믿는다.

기도 맛집 교회

2022년 3월, 어느새 7차 기도통장운동에 접어든 해가 되었다. 올해에는 유독 많은 청년이 오래 기도함으로 상을 받게 되었다. 그런데 놀랍게도 그 청년들은 시간적 여유가 넘쳐나는 사람이 아니라 일반 직장인들과 똑같이 9시에 출근하고 7시에 퇴근하거나 야근이 잦은 청년들이었다.

그러면 그들이 그렇게까지 오래 많이 기도한 이유는 무엇일까? 절실히 바라는 기도 제목이 있어서, 꼭 합격해야 할 시험을 앞두고 있어서가 아니었다. 청년들의 입을 통해 직접 듣게 된 기도의 동기는 기도를 통한 본질적인 교제의 기쁨이었다.

청년들 사이에서 '기도 맛집'이라는 표현을 들었을 때 나는 절로 미소가 지어졌다. 기도는 그런 것이다. 행위를 통해 목적을 달성하려는 수단으로써 기도하는 것이 아니라 내 존재 자체가 하나님의 영과 하나이기 때문에 기도하는 것이다. 주님은 지금도 우리와 기도로 교제하기를 원하신다. 그리고 기도하는 자에게 풍성한 은혜와 약속한 말씀을 응답으로 이루어주신다.

19년의 해외 선교와 9년의 국내 목회 기간 내내 든든한 동역자가 되어준 사랑하는 아내에게 감사한다. 이 책의 출간에 많은 도움을 준 이혜인, 신가원 청년에게도 고마움을 전하고 싶다.

이 책을 통해 주의 종은 가려지고 하나님께 받은 은혜만 순도 높게 흘러가기를, 이 책을 읽는 분들 모두 은혜의 주인공으로서 기도의 자리에 나아가 기도의 참 기쁨을 맛보아 알기를 바라며, 기도의 능력으로 여기까지 인도하신 선하신 하나님께 감사와 영광을 올려드린다.

그러므로 내가 너희에게 말하노니 무엇이든지 기도하고 구하는 것은 받은 줄로 믿으라 그리하면 너희에게 그대로 되리라
_막 11:24

최상훈 목사

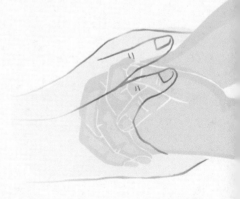

차
례

에필로그

PART 1

쓰기 편한 그릇

01 입양될 뻔한 아이

나는 충남 공주에서 태어났는데, 아버지가 시골 개척교회 목사 님이셨다. 어머니께서는 지금도 입버릇처럼 "하루 세끼를 다 먹는 것이 불가능할 정도로 지독하게 가난했다"고 하신다. 그 와중에 목회를 하다보니 성도들이 자주 집에 오셨다. 오실 때 마다 식사 대접을 하고 이것저것 먹을 것을 내드렸다. 그렇게 교인들에게 먹을 것을 다 드리고 나면 정작 우리 가족은 먹을 것이 없었다.

나는 두 살 위의 형과 세 살 아래 남동생이 있다. 아들만 셋 이니 얼마나 잘 먹을까. 밥 한 그릇을 다 먹어도 돌아서면 배고 프다고 칭얼거리는 우리 삼 형제를 보는 어머니는 마음이 찢어 져 날마다 부엌에서 쌀을 씻으며 남몰래 우셨다고 한다. 그런 줄도 모르고 몇 술 못 뜨고 수저를 내려놓으시는 어머니를 보 며 나는 '어머니는 배가 안 고픈가?'라는 철없는 생각을 했다.

동생이 태어나자 먹을 것은 더 부족해졌다. 결국 부모님은 집안 형편이 좀 나아질 때까지 우리 중 한 명을 다른 집에 맡기기로 하셨다. 농사일을 하는 교회 성도님이 아이를 키워주시기로 한 것이다.

아직도 그날이 기억날 듯 말 듯하다. 무거운 분위기 속에 가족들이 모여 가정예배를 드리던 날, 내게는 평소와 같은 예배였지만 부모님에게는 남의 집에 보낼 아이를 결정하는 중요한 예배였다. 평소처럼 말씀도 묵상하고 통성기도도 하고 예배를 마쳤다. 부모님은 나란히 앉은 우리 셋을 둘러보셨다. 맨 오른쪽에 형이 있었다. 형은 첫째니까 성경적으로도 장자는 의미가 있으니 보낼 수 없었다. 이번엔 맨 왼쪽에 앉은 막내를 보는데, 그 당시 막내는 막 돌이 지난 아기였다. 지금도 동생은 피부가 하얗고 잘생겼다. 그러니 아기 때는 정말 눈에 넣어도 안 아플 정도로 예뻤을 것이다. 그래서 막내도 보낼 수 없었다. 결국 남은 건 중간에서 눈만 껌벅이는 나였다.

지금이야 다 컸으니 어머니도 나도 '그땐 그랬었지' 하고 이야기할 수 있지만, 그 당시에 어머니는 억장이 무너지셨다고 한다. 마지막 가정예배를 드리고 나서 우리를 내보내고 안방에서 눈물지으셨을 어머니, 어쩔 수 없이 내가 뽑혔지만, 그 결정을 본인 손으로 내려야 했을 부모의 마음이 오죽했을까.

그로부터 얼마 뒤 나는 어머니 손을 잡고 집을 나섰다. 한참 걸어서 도착한 곳은 어느 지긋하신 할머니 권사님 댁이었다.

혼자서 재미있게 놀다가 정신을 차려보니, 어머니는 어느새 집으로 가시고 그 집에는 나와 권사님 둘뿐이었다. 권사님은 밥과 국을 내오시며 나긋나긋한 목소리로 말씀하셨다.

"상훈아, 오늘부터 너는 여기서 지낼 거야."

사실 나도 너무 어릴 때라 자세히 기억나지 않지만, 어머니와 떨어져서 살아야 한다는 말이 충격으로 다가왔던 것 같다. 권사님 말씀으로는 어린애가 눈물 콧물을 흘려가며 밥을 꿀떡꿀떡 삼켰다고 한다.

그래도 나는 금세 그 생활에 적응했다. 네 살을 갓 넘긴 어린아이는 밥만 잘 줘도 세상에 부러울 것 없는 코흘리개일 뿐이었다. 농사꾼이신 권사님을 따라다니며 밭에서 뛰어노느라 얼굴이 까맣게 탔다. 나는 매일 먹여주고 재워주시는 권사님 덕분에 잘 지냈다. 특히 동그란 소시지를 먹는 날이면 더 행복했던 것 같다. 권사님도 뭐만 하면 "네에, 네에" 하고 잘 따르는 나를 매우 예뻐하셨다. 그 시절 매일 보았던 권사님의 기도하시는 뒷모습은 어린 나에게 좋은 영향을 주었으며, 감사한 어린 시절을 만들어주었다.

하지만 다른 것이 다 없어도 아이에게 가장 있어야 할 사람은 어머니다. 어린 내 마음 한구석에는 늘 어머니에 대한 그리움이 묵혀 있었다. 애써 참던 설움이 한꺼번에 터지는 날에는 베갯잇이 다 젖도록 밤새 울었다. 울다 지쳐 잠든 다음 날 아침이면 베갯잇에 남은 눈물의 흔적을 손으로 벅벅 지우기 바빴다. 낮에는 논두렁 밭두렁으로 신나게 뛰어다녔지만, 밤엔 그리움에 지쳐 잠이 들었다.

그렇게 삼 년의 시간이 흐른 어느 날 어머니가 내가 있는 집에 찾아오셨다. 반가운 마음에 한달음에 달려가 어머니 품에 안겼다. 품속에서 오랜만에 맡는 어머니의 향기에 반가워 킁킁거리며 어리광을 부렸다. 어머니는 품 안에 있는 나를 잠시 떼어두시고는, 권사님께 정중하게 허리를 숙이고 말씀하셨다.

"삼 년 동안 우리 상훈이를 키워주셔서 감사했습니다. 이제 제가 다시 데려가도 될 것 같습니다."

그러자 권사님이 대답하셨다.

"상훈이랑 살면서 정이 많이 들었는데, 차라리 입양을 시키시는 건 어떻겠습니까?"

어머니는 단호하게 말씀하셨다.

"안 됩니다. 그간 키워주신 건 감사하지만, 그렇게 할 수는 없습니다."

성인이 돼서야 어머니를 통해 그날 권사님과 꽤 긴 실랑이를 했다고 들었다. 이미 정이 들어서 나를 보내기 싫으셨던 권사님과 자식을 빼앗길까 봐 발을 동동 구른 어머니 사이에 팽팽한 의견 충돌이 있었지만, 다행히 권사님이 백기를 들어 어머니도 간신히 나를 다시 데려올 수 있었다.

삼 년 만에 어머니의 손을 잡고 집으로 향했다. 평범한 오르막길이 그렇게도 좋아서 왼발, 오른발 바꿔가며 뜀박질을 했다. 마치 구름 위를 떠다니듯 무척 신이 났다. '어머니와 함께 집에 간다! 어머니와 다시 같이 산다!' 남들에게는 당연했을 그 사실이 나에게는 그토록 꿈꿔온 순간이었다.

그러나 들떠 있는 나와 달리 어머니는 집으로 가는 내내 눈가가 촉촉해져 있었다. 히죽히죽 웃음을 감추지 못하는 나를 보며 얼마나 많은 감정들이 밀려오셨을까. 나에게도 길었던 삼 년이었겠지만, 어머니에게는 매일이 고통의 시간이었을 것이다.

얼마쯤 걷자 어머니가 갑자기 걸음을 멈추셨다. 우뚝 서신 어머니를 보고 나도 똑같이 발걸음을 멈추었다. 그리고 어머니를 올려다보았다. 어머니는 아무 말이 없다가 나를 끌어안고 흐느끼기 시작했다. 어머니의 어깨가 마구 들썩였다. 나는 그런 어머니의 어깨를 조용히 토닥여드렸다.

보통 어머니가 울면 아이가 따라 우는데, 신기하게도 나는 눈물이 나지 않았다. 나를 다시 집으로 데려가주시는 어머니께 그저 감사했고, 오랜만에 아버지와 형제들을 볼 생각에 마냥

신이 나 있었다. 그런 나와 달리 어머니는 삼 년이나 남의 손에서 자라게 한 것이 많이 미안하셨던 모양이다. 당신의 어깨를 담담히 토닥이는 내 작은 손을 꼭 잡고 더욱 소리 내어 우셨다. 일곱 살 내 인생에서 가장 기쁘고도 슬픈 날이었다.

。

몇십 년이 지나 나도 세 아이의 아버지가 되었다. 내 눈, 코, 입을 빼다박은 세 아이들을 볼 때면, 어릴 적 권사님 댁에 맡겨지기 전 마지막으로 예배드리던 날이 생각난다. 만약 내 자녀들 중 한 아이를 다른 집에 맡겨야만 한다면, 나는 어떤 마음일까? 눈에 넣어도 아프지 않을 내 자식을 어딘가에 맡기고 밥 한 술 제대로 뜰 수 있을까? 발 뻗고 잠은 잘 수 있을까? 그런 상황에서 맘 편히 지낼 수 있는 부모는 아마 아무도 없을 것이다.

그런데 소중한 아들을, 그것도 외아들을 죽음 가운데 내몰았던 매정한 한 아버지가 있다. 바로 우리 하나님 아버지이시다. 하나뿐인 아들 예수 그리스도를 낮고 낮은 이 땅에 보내시고 처절하게 죽어가는 모습을 지켜보셔야 했다. 나의 부모님이 그날 안방에서 그렇게 우셨던 것처럼 우리 하나님도 우셨다. 그만큼이나 우리를 사랑하셨다. 우리가 받은 사랑은 그토록 가혹한 대가를 치른 사랑이었다는 것을, 나도 아버지가 되고 나서야 깨달았다.

하나님이 세상을 이처럼 사랑하사 독생자를 주셨으니 이는 그를 믿는

자마다 멸망하지 않고 영생을 얻게 하려 하심이라 _요 3:16

02 쓰기 편한 그릇

온 가족이 몇 년 만에 다 같이 모여 앉은 동그란 밥상 위에 보리밥과 국 그리고 김치가 아직도 생생하다. 빛바랜 밥상 앞에서도 내 입꼬리는 내려올 줄 몰랐다. 온 가족이 한 식탁에서 먹는 밥이 얼마나 그리웠는지 모른다. 내 밥은 특별히 고봉밥이었다. 한입 먹고 어머니 얼굴 한 번, 또 한입 먹고 형 얼굴 한 번, 세상의 어떤 호화로운 밥상도 부럽지 않았다. 아버지와 어머니, 형의 얼굴에도 미소가 가득했다. 다만 헤어질 당시에 너무 갓난쟁이였던 동생만이 나를 알아보지 못하고 자꾸 엄마 등 뒤로 숨었다. 갑자기 나타난 사람이 형이라는 사실을 받아들이기에 동생도 참 혼란스러웠을 것이다.

비로소 우리 삼 형제는 똘똘 뭉쳤다. 부모님은 심방 때문에 밤늦은 시간에야 돌아오셨고, 그때까지 우리 삼 형제가 집을 지켰다. 셋이 모이면 숨만 쉬어도 웃음이 끊이지 않았다.

"형아, 우리 성경 읽기 게임 할래?"

"그럴까?"

성경책은 삼 형제에게 가장 좋은 장난감이었다. 각자 두 손으로도 다 안 잡히는 두꺼운 성경을 펼친다. 그리고 성경을 읽어나가다가 "땡!" 하고 정해진 제한 시간을 알린다. 그때 누가 더 많이 읽었는지 비교해보는 것이다.

"나는 마태복음 10장!"

"나는 마태복음 12장! 와 내가 이겼다!"

성경책 한 권으로도 우리는 그렇게 재미있었다. 한참 놀다보면 벌써 해가 지고 어둠이 찾아온다. 같이 놀던 형과 동생이 뜨뜻한 방바닥에 배를 대고 나란히 엎드려 눕는다.

"형, 배고파."

동생이 손으로 배를 문지르며 배고프다는 시늉을 한다. 그러면 나는 부엌으로 가서 어머니가 만들어 놓은 반찬을 꺼내 밥상을 차렸다. 초등학교 1학년 때부터 밥 담당은 나였다. 어머니도 내가 집안일이나 밥상 차리기 등을 잘 도우니 나에게 믿고 맡기셨다. 처음에는 국이나 반찬 정도를 데워 밥상을 차렸고, 그러다가 나중에 가스레인지를 쓸 줄 알게 되면서 라면 정도는 손쉽게 끓이게 되었다.

그렇게 우리끼리 끼니를 해결하고 싹 치워놓으면 날이 저물고 나서야 부모님이 집에 돌아오셨다. 어머니는 우리 방에 들러 잠든 삼 형제 궁둥이를 번갈아 토닥여주셨다. 그중에서도 집안일을 잘 거들던 나를 특히나 예뻐해주셨다.

"상훈아, 나는 네가 참 편하다."

어머니의 칭찬은 늘 기분이 좋았다. 칭찬 한마디 더 듣고 싶어 늘 심부름을 자청했다.

"대파 한 단 사다줄 사람?"

"저요!"

"바닥 걸레질 도와줄 사람?"

"저요!"

어느새 모든 집안일이 거의 내 몫이 되었다. 한번은 어머니께서 나를 부르셨다.

"상훈아, 요 앞 시장에서 콩나물 한 봉다리 사다줄래?"

나는 화장실을 가던 길이었다. 화장실 갔다가 다녀오겠다고하면 되는데, 그때는 너무 순박해서 그런 말을 할 줄 몰랐다. 잠시 갈등했지만 씩씩하게 대답했다.

"네! 다녀오겠습니다, 어머니."

시장 가는 길은 고작 십 분 거리였다. 하지만 가면 갈수록 화장실이 더 가고 싶어졌다. 십 분이 한 시간처럼 느껴졌다. 종종걸음으로 겨우 콩나물을 사서 돌아왔지만, 집앞에서 그만 긴장이풀려 바지에 지도를 그리고 말았다. 이렇게 부모님이나 다른 사람의 부탁을 쉽사리 거절하지 못할 만큼, 그때 나는 순수했다.

학교 선생님들 사이에도 내가 집안일도 도맡아 하고 형제들 밥도 챙기는 효자라고 소문이 났다. 마침 학교에서 효행상을 뽑고 있었는데, 담임선생님께서 나를 학년 대표로 추천하셨다. 효행상 수상자는 매년 한 달간 전교생이 지나다니는 복도에 이름을 붙여두었다. 아니나다를까 나의 이름도 대문짝만하게 붙었다. '난우초등학교 효행상 – 1학년 2반 최상훈'이라고.

부모님은 매우 기뻐하셨지만, 나는 그다지 기쁘지 않았다. 또 자랑스럽지도 않았다. 혹시나 우리 부모님이 가난하고 바빠서, 내가 소년가장처럼 일하는 것으로 비춰질까 두려웠다. 그 효행상 명단이 없어질 때까지 나는 땅만 보고 다녔다.

○

친구들이 한참 피아노나 미술 학원에 다니는 것을 보고, 나도 어머니께 학원에 보내달라고 떼를 썼다. 그러나 우리 집은 이제 막 시골에서 올라와 학원비를 대줄 만한 돈이 없었다. 정확히는 나까지 차례가 오지 않았다. 형이 이미 미술 학원에 다니고 있어서 내게는 기회가 없었다.

친구들이 방과후에 학원에 가면, 나는 홀로 교회로 향했다. 그 시간에는 어른들도 아무도 없고 교회는 온통 내 세상이었다. 나는 좁은 교회를 마음껏 누비고 다녔다. 장의자에 앉아 기도하다가, 피아노 앞에 앉아 건반을 누르다가 찬양하기를 반복했다.

특히 기도 시간은 내가 가장 좋아했던 시간이었다. 나는 극히 내성적인 성격이었다. 그렇지만 아버지가 목회하시는 교회가 개척교회였기 때문에 내 의사와 관계없이 몇 명 안 되는 교회학교의 어린이 반장이었다. 그런데 부활절 행사를 앞둔 어느 날, 선생님께서 "절기 때나 총동원주일에는 반드시 매일 기도로 준비해야 한다"라고 말씀하셨다. 그 말씀을 듣고 나는 의무감 반 순종 반 본격적으로 기도를 시작하게 되었다.

처음부터 많은 시간을 기도한 것은 아니었다. 그런데 매일 기도하면서 나에게 주어지는 뿌듯함이 있었다. 기도하는 시간만큼은 가난한 개척교회의 아들로서 가지고 있던 열등감, 남들 앞에 서면 말을 잘 못하는 열등감이 사라졌고, 오롯이 나만의 세상에 와 있는 것 같았다.

어린 나이에 무슨 기도를 그렇게 매일 했는지 잘 기억나지 않는다. 하지만 기도를 하면 할수록 예수님께서 나와 함께하신다는 확신이 생겼다. 예수님의 존재감이 선명해질수록 내 마음이 안정되었고, 자신감이 생기기 시작했고, 성격도 점점 밝아지는 것 같았다. 그럴수록 어린 마음에 기도를 더 오래하여 예수님이 함께하신다는 것을 더 깊이 느끼고 싶었다. 남들은 가질 수 없는 기도의 기쁨을 누리는 것이 특별하게 느껴져서 내

성적인 성격도 자연스레 바뀌며 밝은 아이로 변화되어갔다.

처음에는 하루 한 시간씩 기도하다가 학년이 올라갈수록 오래 앉아 있을 수 있게 되어, 중학생이 된 후로는 다섯 시간이 넘도록 기도에 빠져드는 날도 있었다. 한참 기도하다가 눈을 떠보면 서너 시간은 금세 지났을 정도로 시간 가는 줄 모를 만큼 기도가 좋았다. 기도가 일상이 되면서 주님과 함께한다는 생각이 분명해지면 시간이 간다는 감각 자체가 무뎌지는 것 같았다. 짧게 기도했을 때는 느끼지 못했던 깊은 하나님의 임재를 느낄수록 더 궁금해지고 더 귀 기울이는 시간이 많아졌다.

부활절 행사나 성탄절 행사가 있는 달에는 더 큰 소리로 통성기도를 했다. 그런 달에는 항상 목소리가 걸걸하게 쉬어서 립싱크로 찬양을 부르곤 했다. 아무래도 좋았다. 기도를 통해 하나님을 만나고 그 안에서 기쁨으로 교제하는 시간이 내 어린 시절의 가장 큰 즐거움이었다.

그러므로 누구든지 이런 것에서 자기를 깨끗하게 하면 귀히 쓰는 그릇이 되어 거룩하고 주인의 쓰심에 합당하며 모든 선한 일에 준비함이 되리라 _딤후 2:21

03 신문 배달과 찹쌀떡 장사

헌금 시간만 되면 나는 쥐구멍에라도 숨고 싶었다. 사람들에게 창피해서가 아니라, 하나님 보시기에 부끄러워서였다. 우리 집은 여전히 형편이 좋지 않았고 당연히 용돈도 없었다. 받은 은혜는 너무 큰데 드릴 것이 없으니 너무 속상했다. 주일마다 헌금 바구니가 돌아가면 그 안에 뭐라도 넣어보는 것이 소원이었다. 드릴 것이 없어서 자신이라도 드리기 원해서, 헌금 바구니에 들어갔다는 어느 선교사님의 어릴 때 이야기가 꼭 내 이야기 같았다.

저녁 예배가 끝난 어느 날, 그날도 속상한 마음에 혼자 남아 울고 있었다.

"빈손이라 죄송해요, 하나님. 맨날 은혜 받기만 하고 돌려드리지 못해서 죄송해요…."

한참을 울며 기도하는데 밖에서 인기척이 났다. 자세히 들어보니 찹쌀떡 장수였다.

"찹쌀떡~ 메밀묵~"

지금은 사라졌지만 내 어린 시절에는 골목에서 "찹쌀떡~"이라고 외치며 찹쌀떡을 파는 사람이 있었다. 순간 생각이 번뜩였다. '아르바이트를 하면 하나님께 드릴 헌금을 모을 수 있지 않을까?' 찹쌀떡 장사나 신문 배달 일은 학교 외의 시간에도 할 수 있었다. 지금은 초등학생이 아르바이트를 한다고 하면 난리가 나거나 부모님께 제지를 당하겠지만, 그 당시에는 딱히 뭐라 하거나 막는 사람이 없었다. 덕분에 나 같은 초등학생도 용돈 정도는 내 힘으로 마련할 수 있었다.

다음날 이른 새벽, 신문사에 가서 신문을 받아 골목 곳곳에 신문을 돌리기 시작했다. 그날부터 새벽예배가 끝나면 자전거를 타고 신문사로 향하는 것이 일상이 되었다. 주말에는 영등포 시장에 가서 떡을 한 박스 받아다가 밤마다 그것을 팔았다. 어린아이가 고생한다며 사주시는 분들도 더러 있었다. 그렇게 몇 주 동안 일을 하면 돈이 꽤 모였다.

매월 마지막 주가 월급날이었는데 손꼽아 기다려지는 날이었다. 월급으로 몇백 원을 받으면 그대로 집에 들고 와서 헌금 봉투에 넣었다. 그리고 주일에 헌금으로 드렸다. 혹여나 내 헌금이 빠질까봐 헌금 바구니 가장 깊은 곳에 안전하게 들어갔는지 확인하고 손을 뺐다.

다른 사람에게는 몇 푼일지 몰라도 내게는 새벽잠과 밤의 추위와 맞바꾼 대가이자 과부의 두 렙돈과 같은 소중한 헌금이었다. 나는 약 반년 동안 그렇게 돈을 벌어 헌금을 드렸다. 비록 학교에서 조금 피곤하고, 밤이면 곯아떨어졌지만, 하나님께 받은 은혜가 너무 커서 어떤 것을 드려도 아깝지 않았다.

이처럼 사랑하면 뭐든 주고 싶어진다. 얼마나 고생해서 얻은 건데, 얼마나 귀한 건데 하는 계산이 사라진다. 하나님을 사랑하니까 무엇이든 드리는 것 자체가 기쁨이 되었다. 시간, 물질 등 그것의 가치를 셈하는 것이 아니라, 어떤 것이라도 드릴 수 있다는 사실만으로도 기쁨이 된다.

나와 내 백성이 무엇이기에 이처럼 즐거운 마음으로 드릴 힘이 있었나이까 모든 것이 주께로 말미암았사오니 우리가 주의 손에서 받은 것으로 주께 드렸을 뿐이니이다 _대상 29:14

42

04 나만의 피아노 선생님

"뜸북뜸북 뜸북새 논에서 울고….."

담임선생님이 어깨를 들썩이며 풍금을 연주하신다. 오래된 악기 특유의 '쉭쉭' 바람 새는 소리가 음표 사이사이를 채워준다. 선생님의 반주에 맞추어 40여 명의 학생이 노래를 부른다. 높고 낮은 목소리들이 하나가 되어 하모니를 만들고, 흥겹게 노래 부르는 우리 모습에 신난 선생님은 더욱 힘차게 페달을 밟는다.

음악 시간은 내가 가장 기다리는 수업이었다. 노래 부르는 것도, 계이름 읽는 것도 재미있었지만 가장 좋은 것은 선생님의 풍금 반주였다. 건반 위에서 춤추는 선생님의 손가락들을 보면 따라 하고 싶은 마음이 굴뚝같았다.

'나도 저렇게 멋지게 연주해보고 싶다!'

우리 동네에는 오래된 피아노 교습소가 있었다. 몇몇 친구들이 피아노학원 가방을 휘두르며 학원으로 들어가는 모습을 보면서 나는 그 앞에서 갈듯 말듯 맴돌았다. 누군가 내게 "같이 들어갈래?"라고 물어봐주기를 바라는 마음이었다. 그렇게 친구들의 뒷모습만 물끄러미 바라보다가 터덜터덜 집으로 돌아오고는 했다.

어느 날, 어머니께서 피아노 악보 한 장을 가져오셨다. 음악 시간에만 보던 음표들이 잔뜩 그려진 악보였다. 호기심 어린 눈으로 악보 끝을 만지작거리며 어머니께 모른 척 여쭤보았다.

"이게 뭐예요, 어머니?"

"응. 예배 반주가 필요할 것 같아서, 이번 주부터 학원에 다니기로 했어."

우리 교회에 피아노가 한 대 있었는데, 반주자가 없어 오랫동안 한구석에 고이 놔두었다. 한동안은 무반주로 예배를 드리다가, 결국 어머니가 반주를 배우기로 한 것이다. 그날부터 어머니는 매주 학원에 다니셨고, 그때마다 악보 한 장을 가져오셨다. 그러면 나는 그 악보를 소중히 안고 교회로 쏜살같이 달려갔다. 뽀얀 먼지가 쌓인 피아노 뚜껑을 열었다. 그토록 누르고 싶던 검은 건반과 흰 건반이 나타났다.

사실 피아노를 배운 적이 없어 계이름도, 코드도 몰랐다. 대신 두 손을 모으고 기도했다.

"성령님, 전 아무것도 몰라요. 그래도 칠 수 있는 능력을 주세요."

기도를 마치고 작은 손을 건반 위에 살포시 올려보았다. 한 음 한 음 순서대로 눌러보았다. 계이름 하나도 모르던 내가 천천히, 조금씩 피아노를 쳤다. 치면서 스스로 음을 터득했다. 처음에는 오른손 반주만 그다음에 왼손 반주도 함께, 점점 늘어가는 피아노 실력에 신이 나서 다음날도, 그다음 날도 설레는 마음으로 피아노 앞에 앉았다. 피아노를 치기 전에는 꼭 기도부터 했고, 피아노를 칠 때마다 항상 기도하는 마음으로 연주했다. 나중에는 기본적인 찬송가 반주를 다 할 수 있게 되었다. 그렇게 해서 나는 한 번도 피아노를 배워본 적 없는 우리 교회 첫 반주자가 되었다.

처음 반주한 예배 현장에 대한 기억이 아직도 생생하다. 당시 목사님께서 주신 악보는 D 코드의 '예수로 나의 구주 삼고'였는데, 나는 칠 줄 아는 게 F 코드뿐이었다. 어머니가 처음 가져오신 찬송가가 F 코드인 '내 구주 예수를 더욱 사랑'이었기 때문이다. 어쩔 수 없이 D 코드 곡을 F 코드로 바꾸어 연주했다. 키(key)가 두 개나 올라가니 남자 성도들의 굵직했던 목소리가 갈수록 얇고 날카로워졌다. 후렴을 부를 때쯤엔 곳곳에서 쇳소리가 났다. 주일 오전 일곱 시부터 삑사리의 향연이었다. 그러나 누구 한 명 찬양을 멈추지 않았다. 도리어 더 큰소리로 찬양을 불렀다. 처음으로 피아노 반주에 맞춰 찬양을 올려 드릴 수 있다는 기쁨에 모두 눈물바다였다.

　　　　　　○

　하루는 존경하는 선생님이 결혼하신다는 소식을 들었다. 어린 나이에 혼자 갈 수 없어, 어머니의 손을 잡고 결혼식에 참석했다. 이때만 해도 결혼식 반주는 반주자가 직접 식장에 있는 피아노로 연주했다. 그런데 이날 하필 반주자가 제시간에 오지 못하고 있었다. 결혼식 시간이 임박하자 어머니가 내 옆구리를 쿡쿡 찌르며 말씀하셨다.

　"상훈아, 네가 가서 아무 곡이라도 쳐."

　"어머니, 전 결혼 곡을 칠 줄 모르는데요···."

　"네가 외워서 치던 찬송가가 있잖아. 그 곡을 치면 되지, 그래도 무반주보단 낫지 않겠니?"

　엄마의 등쌀에 떠밀려 일단 피아노 앞에 앉았다. 곧바로 식이 시작되었다. 내가 정말 좋아하는 선생님이어서 어떻게든 멋진 행진곡을 연주해드리고 싶었다. 하지만 나는 결혼 행진곡을 들어보기만 했지 한 번도 연습해본 적이 없었다. 막 행진을 시작하려는 찰나에, 눈을 감고 간절히 기도했다.

　'하나님, 제가 멋지게 연주를 마칠 수 있도록 도와주세요.'

　피아노 위는 이미 땀으로 흥건했다. 일단 자주 연습했던 곡 '내 주를 가까이하게 함은'을 연주했다. 그런데 4절이 되어가는

데도 아직 신부 입장이 계속되고 있었다. 머릿속이 점점 하얘졌다. 어떻게 반주를 이어갈까 하다가 머릿속에서만 그려오던 결혼 행진곡을 연주하기 시작했다.

'딴 따다 단 - 딴 따다 단' 찬송가 반주와 같은 리듬으로 같은 기법으로 행진곡을 연주했다. 한 번도 쳐본 적 없는 결혼 행진곡이 찬송가 반주와 잘 어우러져 멋진 행진곡이 되었다. 더욱이 마지막에 습관적으로 찬송가 맨 끝에 부르는 '아멘'까지 반주하자 하객분들도 다 같이 "아멘"을 부르며 끝났다. 성령님이 능력 주시면 불가능은 없었다.

이후로도 하나님께서는 꾸준히 나의 피아노 반주를 사용하셨다. 개척교회 반주자로 시작하여 고등학교 때에는 합창대회 반주자로, 지금 담임하는 교회에서는 찬송가 반주를 녹음하여 성도님들과 유튜브를 통해 공유한 바도 있다. 성령님은 전심으로 구하는 자에게 능력을 제한 없이 부어주시고 은혜의 통로로 사용하시는 분이셨다.

여호와의 눈은 온 땅을 두루 감찰하사 전심으로 자기에게 향하는 자들을 위하여 능력을 베푸시나니 _대하 16:9

PART 1 쓰기 편한 그릇 。

49

05 절벽에서 추락해도 살아남은 이유

대학 입학시험이 끝나고, 이전부터 미뤄왔던 친한 목사님 댁에 1박 2일로 놀러갔다. 골목 어귀에 오토바이 한 대가 멋지게 세워져 있었다. 갓 면허를 딴 친구의 눈에 호기심이 가득했다. 친구는 오토바이 안장을 톡톡 두드리며 목사님께 여쭈었다.

"목사님, 이 오토바이, 저도 한 번 타보면 안 돼요?"

"당연히 되지. 대신 주변에서만 타야 한다. 조금만 올라가면 산등성이가 나오는데, 낭떠러지라서 위험하거든."

"네!"

목사님께서 오토바이 열쇠를 친구 손에 건네주셨다. 친구는 싱글벙글 웃으며 내게 고개를 까딱이며 나가자는 시늉을 했다. 친구와 오토바이를 끌고 동네에서 조금 걸어 나가자 경사진 산 입구가 보였다. 친구가 갑자기 씨익 웃으며 내게 물었다.

"상훈아, 너 오토바이도 운전할 줄 알아?"

"그럼! 작은 오토바이는 자주 끌어봤지."

무심코 거짓말이 입 밖으로 툭 튀어나왔다. 교회에서 급하게 짐을 나를 때 몇 번 운전해본 경험이 있었지만, 잘 타진 못했다.

"그럼 우리 오토바이 타고 산에 올라가볼래?"

"으응? 동네 주변에서만 타라고 하셨는데…."

"에이, 산등성이가 낮아서 괜찮을 거야. 너무 높으면 돌아오면 되고!"

친구는 망부석처럼 서 있는 나를 오른손으로 잡아끌더니 손가락에 끼운 오토바이 열쇠를 빙빙 돌리며 산으로 향했다. 정신을 차리고 보니 어느새 내가 두 손으로 오토바이를 끌고 산을 오르고 있었다.

다행히 원만한 평지가 이어졌다. 숲 내음도 나고, 바람도 살랑살랑 부는 것이 오토바이 타기에 딱 좋은 날씨였다. 친구를 뒷좌석에 태우고, 핸들을 꽉 잡고 천천히 엑셀을 밟아보았다. 미끄러지듯 앞으로 나아가는 오토바이에 몸을 맡기고 조금씩 속도를 냈다. 친구는 손을 하늘 높이 뻗으며 외쳤다.

"아, 시원하다."

그러고는 잡고 있던 내 어깨를 쳤다.

"이야, 너 운전 잘하네! 더 빠르게 운전할 수도 있어?"

"으응, 당연하지!"

칭찬에 기분이 좋아진 나는 의기양양하여 페달을 더 세게 밟았다. 오토바이는 검은 연기를 내뿜더니 굉음을 내며 더 빨리 나아갔다. 울퉁불퉁한 산길 때문에 몸이 통통 튀어 올랐지만, 웬만한 놀이기구만큼이나 재미있었다.

어느 정도 올라오니, 우뚝 솟은 산 정상이 저 멀리 모습을 드러냈다. 아래로 가파른 바위와 무성한 나무들이 산 전체를 뒤덮고 있었다. 상쾌한 공기가 코와 입을 타고 마음속까지 시원하게 해주는 것 같았다. 친구는 내 어깨를 꽉 잡고 상기된 목소리로 외쳤다.

"더 빨리! 더 빨리!"

운전대를 잡은 손이 땀에 흥건하여 미끈거렸다. 길은 점점 좁아져 사람 한 명이 겨우 지나갈 좁은 산길로 들어섰다. 구불구불 달리자 몸이 왼쪽, 오른쪽으로 치우치는 느낌이 재밌었다. 그러다 슬쩍 아래를 내다보면 아찔한 산 아래 절벽이 간담을 서늘하게 했다. 아슬아슬하게 중심을 잡아도 몸이 이리저리 밖으로 쏠렸다. 그때였다.

"쾅!"

날카로운 굉음과 함께 갑자기 몸이 붕 뜨더니, 퍽 소리와 함께 땅바닥으로 떨어졌다. 순식간에 눈앞이 캄캄해졌다. 오토바이가 원심력 때문에 중심을 잃고 밖으로 튕겨 나간 것이다. 내 뒤에 타고 있던 친구는 가까스로 바로 옆 도로에 미끄러지듯 넘어졌다. 팔꿈치와 무릎에 상처가 났지만, 다행히 부러지거나 크게 다친 곳은 없었다.

문제는 나였다. 앞에 타고 있던 나는 오토바이와 함께 가파른 언덕 밑으로 추락했다. 정신을 차리고 눈을 떴을 때, 아까 봤던 파란 하늘과 나뭇잎들이 천장을 이루고 있었다. 손이 아직도 땀에 젖어 있었다.

천천히 상체를 일으켰다. 목을 천천히 돌리며 크게 원을 그려보았다. 다행히 잘 돌아간다. 팔과 다리를 앞뒤로 굽히고 흔들어보았다. 관절마다 잘 구부려진다. 손가락 하나하나를 움직여보았다. 엄지부터 새끼손가락까지 하나하나 잘 움직인다. 떨어질 때 반동에 의해 부딪힌 뒤통수가 약간 아픈 것 빼고는 멀쩡했다. 다친 데가 더 없는지 여기저기 몸을 살피고 있는데, 친구가 나타났다. 서로 화들짝 놀랐다.

"상훈아! 너 괜찮아?"

친구는 울먹이며 내게 달려와 옷 소매와 등을 털어주면서 여기저기 살폈다.

"머리는 괜찮아?"

"좀 멍하긴 한데, 그냥 좀 놀란 것 같아."

"팔은? 다리는? 어디 부러지거나 다친 곳은 없어?"

친구의 호들갑에 나까지 허둥지둥 다시 온몸을 살폈다. 여기저기 만져보고 눌러봐도 크게 다친 곳은 없는 것 같았다. 나보다 친구가 더 놀란 것 같았다. 그도 그럴 것이 내가 시야에서 사라졌으니까 분명 언덕 아래로 떨어졌을 것이라고 확신했다고 한다. 그렇게 가파른 언덕에서 떨어지면 누구라도 그렇게 생각했을 것이다.

옆에서 뒤늦게 타이어 타는 냄새가 났다. 바퀴가 헛돌고 있는 오토바이를 살펴보니 납작 찌그러진 것이 거의 폐차 수준이었다. 그런데 정작 나는 멀쩡히 앉아 흙먼지를 털고 있으니, 친구가 놀란 것도 당연했다.

나와 친구는 오토바이와 함께 신발을 질질 끌며 산을 내려왔다. 너무 놀라 둘 다 말이 없었다. 지친 몸을 이끌고 겨우 목사님 댁으로 들어섰을 때, 목사님은 우리의 몰골과 오토바이를 번갈아 보며 눈이 휘둥그레져서 물으셨다.

"너희 괜찮아? 사고 난 거야? 어디서 넘어진 거야? 아이고."

큰 병원으로 갔다. 엑스레이를 찍고 여러 검진도 받아보았다. 발목에 살짝 실금이 간 것 외에 모두 정상이었다. 아무리 검사해도 다른 이상은 발견되지 않았다. 병원에서는 상처에 밴드 몇 개를 붙여주고 집으로 돌려보냈다.

그날 밤, 나는 혼자 교회 기도실에서 오랫동안 감사기도를 드렸다. 멀쩡한 팔다리를 몇 번이고 만져보며 놀란 가슴을 쓸어내렸다.

"주님, 감사합니다. 살려주셔서 감사
합니다."

한참 기도하던 중, 갑자기 꿈인지
환상인지 모를 어떤 모습이 보였다.
자세히 보니 내 어린 시절이었다. 몇
시간이고 같은 자리에 머물러 기도
하는 나의 뒷모습이었다. '아, 그때
쌓였던 기도들이 오늘 응답된 거구나!'
절벽 밑으로 추락하던 나를 안전하게 감싸 안은 것은 다름 아
닌 어릴 적 쌓은 나의 기도였다. 하나님께서는 단 하나의 기도
도, 절대 잊지 않으셨다. 몇 년 전부터 아무도 모르는 그 자리
에서 드렸던 기도가 차곡차곡 쌓여, 오늘의 나를 안전하게 보
호해준 것이었다. 그때를 기억하시다니, 섬세하신 하나님의
사랑에 나는 감격스러웠다.

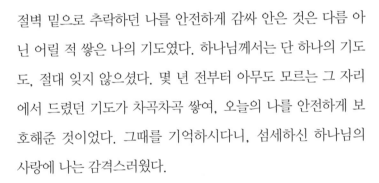

나의 유리함을 주께서 계수하셨사오니 나의 눈물을 주의 병에 담으소
서 이것이 주의 책에 기록되지 아니하였나이까 _시 56:8

06 녹슨 못과 붉은 천

"등록금 부당인상을 철회하라!"

"철회하라! 철회하라!"

내가 선창을 하면 학생들이 목에 핏대를 세우며 따라 외쳤다. "둥─둥─" 학생들의 결의에 찬 외침과 북소리가 뒤엉켜 울려 퍼졌다. 수업 도중에 나와 시위에 참여한 학생들도 적지 않았다. 현수막과 머리에 두른 붉은 띠, 학생들은 눈에 실핏줄이 터질 듯이 혈안이 되어 있었다. 모두 정의감에 불타고 있었다.

내가 대학에 입학할 시점에 학교 측은 1학년 등록금 인상을 공표했다가 학생들의 반발을 사고 있었다. 1학년 과대표이자 등록금 투쟁 공동위원장이 된 나는 앞장서서 '등록금 인상 반대운동'을 추진했다. 1학년 모두가 한마음으로 데모에 열을 올렸다.

일 년 내내 학생운동에만 매진한 결과, 모든 신입생은 인상된 만큼의 등록금을 돌려받게 되었다. 엄청난 성과였다. 신입생들은 흥분의 도가니였다. 나를 비롯한 학생회 임원들이 많은 선배님으로부터 칭찬을 받았다. 기세를 몰아 학생회장 출마에 관한 이야기가 들려오기 시작했다.

"상훈아, 너 학생회장 공고 봤어?"

"아니, 왜?"

"이번 주가 학생회장 후보 등록 기간이라더라."

"글쎄, 난 생각 없는데….."

애초에 생각조차 안 해본 자리였다. 회장은 특출난 애들이나 하는 건 줄 알았다. 그런데 주변 선배님들의 강력한 권유로 심경에 변화가 생기기 시작했다. 결국 후보 등록 마감일 며칠 전, 과사무실로 달려가 학생회장 후보에 등록했다.

그렇게 시작된 선거운동은 실로 치열했다. 등록금 투쟁 위원회로 만났던 동기들과 함께 열띤 홍보를 했다. 끼니는 컵라면 아니면 주먹밥으로 대충 때우며 시간을 아꼈다. 잠자는 시간만 빼고 거의 모든 시간을 선거운동에 투자했다.

개표 당일, 나는 결과가 나오는 시간까지 밥 한술 입에 댈 수 없었다. 얼핏 박빙의 상황이라는 말이 들려왔지만 최종 결과가 나오기 전까지는 아무것도 보장할 수 없었다. 기대 반, 두려움 반으로 친구들과 결과를 기다렸다. 개표가 종료되고 결과는 상대편의 승리였다. 나중에 학생회 친구 몇몇이 개표를 마치고 나오다가 나를 보고 어깨를 툭툭 치며 위로했다.

"괜찮아. 그래도 40표밖에 차이 안 나더라. 간발의 차이였어."

그게 더 속상했다. 40표만 더 있었으면 학생회장을 해볼 수도 있었는데…. 아쉬운 마음이 더 깊어졌다. 혼자 조용히 빈 채플실에 앉았다. 아무도 탓할 수 없었다. 채플실 앞쪽에 있는 작은 십자가를 뚫어지게 쳐다봤다.

'40표면 하나님께서 충분히 채워주실 수 있는 것 아닌가.'

곱씹을수록 안타까운 마음이 커졌다. 그러다 문득 오랜만인 채플실이, 기도의 자리가 낯설게 느껴졌다. '얼마 만인지….' 바쁘지만 짧게라도 기도 시간을 채우기는 했다. 매주 빠짐없이 채플도 참석했다. 그러나 정작 모든 정신이 온통 선거운동에 쏠려 있었다.

그동안의 일들이 파노라마처럼 머릿속에 떠올랐다. 채플 시간에도 다음 선거운동 일정을 체크하던 모습, 기도 시간에도 나에게 투표할 동기들을 셈하던 모습, 선거 표지판 만드느라 사역에 힘쓰지 못했던 모습…. 그와 동시에 어머니의 모습이 떠올랐다. 바쁜 나를 위해 새벽마다 눈물로 중보하시던 모습, 아들이 너무 멀리 가지 않도록 걱정으로 기도하시던 모습….

그제야 우선순위가 바뀌었던 내 모습을 깨닫게 되었다. 하나님이 이런 나의 모습을 낱낱이 보셨으리라 생각하니 너무 부끄러웠다. '원래 내 자리는 여기였구나.' 그러면서도 이제야 원래 내 자리로 돌아왔다는 안도감에 눈물이 왈칵 쏟아졌다. 하나님의 품 안이 이 세상 어느 자리보다도 가장 평안하고 소중한 곳이었다.

한참 울다가 휴지가 필요해 가방을 열었다. 그런데 휴지 말고 다른 것이 들어 있었다. 낯익은 작은 봉투였다. 곰곰이 기억을 되짚어보니 연합 집회에서 어느 간사님께 받은 것이었다. 그때 간사님께서 이런 말씀을 하셨다.

"상훈아, 네가 정말 힘들 때 이 봉투를 열어보렴."

집회가 끝난 후 가방에 넣어두고 까맣게 잊고 있었던 것이다. 나는 빛바랜 봉투를 조심스레 열어보았다. 그 안에 녹슨 못 하나와 붉은 천 조각이 들어 있었다. '이게 뭐지?' 손바닥 위에 못과 천 조각이 살포시 놓였다. 공사판에서나 볼 법한 녹슨 못과 붉은색 천이었다.

'녹슨 못….' 순간 깨달았다. 녹슨 못은 예수님을 십자가에 매달았던 못이었다. 붉은 천 조각은 피로 물든 예수님의 옷이었다. 십자가에 매달리신 예수님께서 지금 이 자리에 함께 계신다는 사실이 확 와 닿았다. 나는 그 자리에서 펑펑 울었다. 예수님이 여전히 나와 함께하고 있었다고, 나를 지켜보고 있었다고 말씀하시는 것 같았다. 눈물로 얼룩진 못에서 녹슨 냄새가 진동했다.

°

사람들은 종종 기도할 제목이 있을 때만 기도하는 거라고 오해하기도 한다. 그러나 내가 생각하는 기도는 내가 어떤 것을 얻기 위한 '수단'이 아니라 '관계' 자체이다. 하나님은 우리와 늘 대화하고 교제하길 원하시는 분이다. 본성 자체가 우리를 너무나 사랑하시는 분이다. 그래서 나는 필요한 것이 있을 때만 기도하고, 그것이 채워지면 다시 기도하지 않는 그런 일차원적인 수단으로 기도를 사용하지 않는다. 기도 자체, 관계 자체가 곧 기도의 목적이 되어야 한다고 생각한다.

내 안에 거하라 나도 너희 안에 거하리라 가지가 포도나무에 붙어 있지 아니하면 스스로 열매를 맺을 수 없음 같이 너희도 내 안에 있지 아니하면 그러하리라 _요 15:4

"원래 내 자리는 여기였구나."

대한민국 남성이라면 한 번은 반드시 받는 공포의 편지가 있다. 바로 입영통지서다. 대학교 2학년을 마치고, 어머니께서 내게 편지가 왔다며 열어보라고 하셨다. 편지 봉투 안에서 나온 서류에는 입영통지서라는 글씨가 적혀 있었다.

이전부터 나는 무조건 군목을 가겠다고 마음먹었었다. 그래서 입영을 연기하고 군목시험 준비에 들어갔다. 열심히 공부하고 면접 연습도 철저히 했다. 밤낮으로 시간을 정해놓고 간절히 기도했다. 1차는 필기시험이었는데 높은 점수로 거뜬히 합격했다. 그런데 2차 면접시험 때 한 면접관이 이렇게 질문했다.

"학생운동 경력이 있는데 어떤 운동이었나요?"

"아, 네! 부당한 등록금 인상 때문에 학생운동에 참여했었습니다."

면접장 내 분위기가 갑자기 싸해졌다. 대답을 들은 면접관의 표정들이 굳어졌다. '떨어지겠구나!' 나는 직감했다. 결국 예상대로 나는 군목 2차 시험에서 떨어졌다. 울며 겨자 먹기로 나는 일반병으로 입대했다.

　군목은 떨어졌으니 군종병이라도 갈 수 있게 해달라고 간절히 기도했다. 당시에는 신학생이거나 악기 하나라도 다룰 수 있으면 군종병이나 군악대에 가는 것이 어렵지 않았다. 그러나 나의 자대 배치는 공병대였다. 공병대는 지뢰, 폭파, 건설 관련 작업을 담당하는 부대였다. 그러나 정작 했던 일은 막노동이었다. 밤낮으로 콘크리트 만들고 삽질하고…. 얼마나 일이 고된지 허리를 다쳐 MRI 촬영을 하고 얼마간 꼼짝없이 누워 있기도 했다. 그만큼 체력적으로 힘든 보직이었다. '이렇게 기도를 안 들어주시나' 하는 마음에 군 생활 내내 속상함을 감출 수 없었다.

　험난했던 공병대 생활이 끝났다. 나에게 군 생활은 고생만 잔뜩 하고 끝난 경험이었다. 아무런 보람도, 보답도 없는 것 같았다. 그러나 세월이 흐른 후 하나님께서는 이 일의 진짜 결말을 매듭지으셨다. 1999년 아프리카 선교사로 파송 받아 막 케냐에 도착했을 때였다. 나는 케냐 언어학교에서 일정 기간 훈련을 마친 후에 마사이 원주민이 거주하는 케냐 남서부 '마가디' 지역으로 가서 사역을 시작했다.

　그곳에도 교회가 몇 있기는 했다. 그런데 그 교회는 정식 건물이 아닌 '마바티'라고 불리는 함석으로 지어진 예배당이었고 거기서 예배를 드렸다. 얇은 합판이 간신히 햇볕을 가리게 되어 있어서, 낮에는 뜨거운 볕의 열기가 고스란히 전달된다. 그래서 그 아래에 가만히 서 있기만 해도 땀이 줄줄 흘렀다.

'이곳에 콘크리트로 지어진 교회가 하나 있었으면 좋겠다'라는 생각이 절로 들었다. 문제는 콘크리트 건물을 지어본 사람이 마을에 아무도 없었다는 것이다. 마을 사람들도 대부분 소똥 집에 살거나 함석을 지붕 삼아 살았다. 콘크리트 건물을 본적이 없다며 어깨를 으쓱하는 원주민도 있었다. 그런데 콘크리트 건물을 지어본 사람이 딱 한 명 있었다. 바로 나였다.

건축 자재를 구매하러 시장에 갔을 때 익숙한 도구들을 보고 반가워서 눈물이 날 뻔했다. 내가 군대에서 사용했던 시멘트와 건축자재, 토목 관련 기구들이 시장에 널려 있었다. 공병대가 아니었다면 배우지 못했을 기술들이 8년이 지나서 이렇게 유용하게 쓰일 줄이야!

'하나님은 이때를 위해 나를 공병대에 보내신 거구나…' 8년 만에 잃어버린 퍼즐 조각이 딱 맞추어지는 것만 같았다. 나는 그 시절 고생했던 경험이 헛되지 않았다는 사실에 감격했다. 하나님의 큰 그림을 깨닫고 나니 온몸에 전율이 흘렀다.

본격적으로 콘크리트 작업을 시작하자 이후 일은 빠르게 진행되었다. 콘크리트를 섞고 뼈대를 세우고, 공병대 시절을 기억해가며 건물을 세워갔다. 감사하게도 그때 배운 기술들이 공사 과정마다 결정적인 도움을 주었다. 우여곡절 끝에 2003년 7월에 '올레케뭉게 마사이 원주민 교회'가 세워지게 되었다. 이때 건축한 교회가 현재까지도 귀하게 사용되고 있다.

8년 후의 일까지 앞서 예비하시는 분이 우리 하나님이시다. 늘 가장 좋은 것을 주시는 선하신 주님을 믿는다면 어떤 일도 맡길 수 있다. 그리고 맡겨드린 후에는 평안할 수 있다. 얼마나 믿을 만한 분과 동행하고 있는가에 따라 그 마음이 달라진다. 영원부터 영원까지 살아계시는 하나님께서 우리의 지금도, 8년 후도, 80년 후도 믿음직하게 책임지고 계신다.

하나님께서 지으신 모든 것이 선하매 감사함으로 받으면 버릴 것이 없나니 _딤전 4:4

08 내가 너의 기도를 찾아 쓸 것이다

내가 제대한 후 얼마 지나지 않아 동생도 육군으로 입대했다. 6주간의 훈련을 마치고, 드디어 동생이 논산에서 수료식을 가졌다. 우리 가족은 이른 아침부터 막내를 보러 갈 생각에 분주했다. 특히 부모님께서 매우 들떠 보이셨다. 아무래도 어리게만 보이던 막내를 군대 보내고 마음이 편치 않으셨던 모양이다. 논산으로 내려가는 길 내내 두 분은 웃음꽃이 끊이지 않았다.

아버지께서 운전하셨고 조수석에는 내가, 뒤에는 엄마와 큰형이 타고 있었다. 논산훈련소에 도착한 후, 우리는 짧지만 깊은 상봉의 시간을 가졌다. 핼쑥해진 막내아들의 얼굴이 안쓰러웠는지, 부모님은 계속 막내의 볼을 쓰다듬으셨다.

그렇게 동생과의 짧은 만남을 마치고 다시 서울로 돌아오기 직전이었다. 갑자기 마음이 쿵쿵거리며 막 뛰기 시작했다. 마치 심장이 빠른 속도로 뛰는 것처럼 마음이 뛰는 것이었다. 그 순간, 마음속의 성령님께서 세미하게 말씀하셨다.

"상훈아, 그 차를 타지 마라."

도대체 알 수 없는 한 마디였다. '설마 아버지 어머니와 논산까지 같이 타고 온 이 차를 타지 말라는 말씀인가?' 내가 잘못 들은 거라고, 음성을 외면하고 차에 오르려고 차 문의 손잡이를 잡았을 때, 다시 한 번 강력한 음성이 들렸다.

"그 차를 타지 마라."

주님의 강력한 음성일지도 모른다는 생각에 나는 속으로 잠시 기도했다. '주님. 갑자기 들려오는 이 음성이 주님의 뜻이 맞는지 잘 모르겠습니다.' 이해할 수 없는 이 음성이 하나님의 음성인지를 알고 싶었다. '만약 부모님이 그렇게 해도 된다고 허락하시면, 하나님의 음성으로 듣고 순종하겠습니다.'

기도를 마친 후 과자 봉지를 뜯으며 막내 이야기가 한창인 어머니께 넌지시 물었다.

"어머니, 저는 그냥 시외버스 타고 혼자 서울로 올라가도 될까요?"

이렇게 말씀드리면서도 '괜히 혼만 나는 것이 아닐까?'라는 생각이 들었다. 당연히 '갑자기 무슨 시외버스야? 쓸데없는 소리하지 마라', '집까지 어떻게 혼자 가겠다고 그래?' 이렇게 말씀하실 거라고 생각했다. 그런데 어머니의 대답은 의외였다.

"그래, 알았다. 시외버스 타고 올라가렴."

충격적이었다. 가족이 모두 한 차로 내려왔는데, 버스로 혼자 올라가도 좋다고 말하는 부모가 어디 있겠는가? 어머니는 나를 애틋하게 여기고 늘 아껴주시는 좋은 분이다. 그런 어머니가 이렇게 단번에 허락해주시니 말문이 턱 막혔다. 허락은 받았지만 기분이 썩 좋지 않았다.

어쩔 수 없이 "네. 그럼 저는 시외버스 타고 혼자 갈게요"라고 말하며 가방을 챙겨 차에서 내렸다. 부모님과 형이 탄 차가 냉정하게 떠나자 속상함이 밀려왔다. '가다가 휴게소에 들러서 맛있는 것도 먹고, 차로 편하게 갈 텐데….' 하지만 그러면서도 마음 한구석에 알 수 없는 평안함이 있었다.

시외버스를 타는 것도, 터미널에서 내려 다시 집까지 가는 것도 큰 일이었다. 그 당시 지하철 타기도 번거로웠고, 지하철 역에서 다시 마을버스를 타고 버스에서 내려 집까지 터덜터덜 올라갔다. 나도 이미 많이 지쳐 있었다. 집에 도착하여 대문을 두드렸지만 아무런 반응이 없었다. '이 시간까지 도착하지 않은 건가?'라는 의문을 품은 채 열쇠를 찾아 문을 열고 들어갔지만 집안에는 아무도 없었다. '혹시 나만 빼고 다들 저녁 먹고 오는 거 아니야?'라는 철없는 생각을 하며 속을 끓였다. 그런데 한 시간, 두 시간이 지나도 가족들이 돌아오지 않았다.

밤 11시쯤 되자 전화벨이 울렸다. 전화기를 드는데 순간 불길했다.

"…여보세요?"

"○○○님 가족분 되시나요? 여기 영동 세브란스 병원인데요, 지금 가족분들이 교통사고로 다치셔서….'"

교통사고가 난 것이다. 단순한 접촉 사고가 아니라 다음 날 신문에 실릴 만큼 큰 사고였다. 어느 음주 운전자가 우리 가족이 탄 승용차를 들이박은 것이다. 처음에는 사고가 난 고속도로에서 파티마병원 응급실로 갔다가 상황이 위급해서 영동 세브란스로 옮겨졌다고 했다.

가슴이 철렁 내려앉았다. 떨리는 손으로 병원 주소만 간신히 받아 적고 택시를 잡아 헐레벌떡 병원으로 달려갔다. 응급실은 입구부터 싸늘한 기운이 맴돌았다. 바쁘게 지나다니는 의료진들의 표정에 따뜻함이 하나도 느껴지지 않았다. 다급히 '선생님'을 찾는 환자부터 바닥에 드러누운 환자까지 정신이 없었다.

데스크에서 아버지 이름을 대고, 간호사가 알려주는 방향으로 뛰어갔다. 커튼 뒤에서 드러난 형의 모습은 차마 눈 뜨고 볼 수 없을 지경이었다. 다리 쪽 뼈가 다 드러난 채로 수술을 기다리고 있었다. 너무 충격적인 장면에 나는 그 자리에서 잠시 주저앉았다.

다시 정신을 차리고 일어나 가족들의 상태를 살폈다. 형은 다리뿐 아니라 갈비뼈까지 부러진 상태였다. 다리뼈 수술과 함께 갈비뼈를 쇠줄로 감는 수술을 받았다. 많은 양의 피를 흘려 옷이며 가방이 검붉게 물들어 있던 장면이 아직도 생생하다. 다행히 후유증 없이 잘 회복하여 지금은 일상생활이 가능하지만, 당시에는 상당히 위중한 상태였다.

부모님도 외상을 입어 옆 침대에서 치료 중이셨다. 응급처치 중인 가족들을 번갈아 가며 돌보고 있는데 경찰들이 나를 불렀다.

"○○○님 보호자 누구십니까?"

"제가 보호자입니다."

경찰들이 서류 뭉치와 펜을 들고 내게 성큼성큼 다가왔다.

"잠시 함께 밖으로 나가시죠."

붐비는 사람들 틈을 벗어나 한적한 곳으로 갔다. 경찰은 내게 출발 시간, 목적지 등을 세세히 물었다. 그리고 가져온 서류를 한 장 한 장 넘겨가며 내게 들은 이야기를 빠르게 써 내려가기 시작했다. 몇 장 넘기자 사고 현장의 사진이 클립에 꽂혀 있었다.

"그 사진을 좀 볼 수 있을까요?"

사진에는 파손된 차량이 적나라하게 찍혀 있었다. 거의 폐차 수준이었다. 이 차에서 가족 모두 살아 나온 것만으로도 기적이었다. 그러다가 형체조차 남지 않은 조수석을 보았다. 심장이 멎는 듯했다.

그렇다. 상대 차량이 정면으로 들이박은 곳은 사고가 나기 몇 분 전까지만 해도 내가 타고 있었던, 퉁퉁 부은 얼굴로 주섬 주섬 가방을 챙겨 나온 바로 그 조수석이었다. 엔진이 다 드러 나고 차체가 찌그러져 전선들이 뒤엉킨 조수석. 내가 먹다 흘 린 과자 부스러기가 남아 있었을 그 자리는 누구라도 절대 살 아나올 수 없을 만큼 흉측하게 으스러져 있었다. '그때 내가 거 기서 내리지 않았다면….' 나는 충격에 휩싸였다.

사고 수습은 새벽이 되어서야 마무리되었다. 응급 환자들 사 이에 있으려니 두 다리를 땅에 딛고 서 있는 것이 기적과 같이 느껴졌다. 울컥한 마음에 그 자리에서 무릎을 꿇었다. 시멘트 바닥 때문에 무릎이 아파왔다. 그래도 괜찮았다. 아무래도 괜 찮다. 무릎 꿇을 수 있는 두 다리가 멀쩡하게 있다는 사실만으 로도 아니, 내가 살아있다는 것만으로도 눈물 나게 감사했다.

'주님, 감사합니다.' 눈물이 후드득 떨어졌다. 그런데 그때 눈 앞에 환상이 보였다. 초등학교 5,6학년 때 아무도 없는 교회에 서 두 시간이고 세 시간이고 기도하던 내 뒷모습이었다. 이어 서 내 인생을 완전히 뒤바꿀 하나님의 강렬한 한 마디가 들려 왔다.

"상훈아, 내가 이제부터 네가 기도한 것들을 찾아 쓸 것이다."

그때 깨달았다. 하나님께서 오랜 세월 드렸던 그 기도를 모두 쌓아놓으셨다는 것을 말이다. 돌아보면 나의 어린 시절은 기도뿐이었다. 방과후 교회에 들러 하루 두세 시간은 기본으로 기도하곤 했다. 특별한 절기를 준비하는 동안은 더 많은 시간을 기도하였다.

남에게 보이기 위한 것도, 간절한 기도 제목이 있어서도 아니었다. 하면 할수록 기도가 즐거웠고, 깊어지는 그 깊이를 더 느끼고 싶고, 그분을 더 알고 싶은 순수한 마음에서 시작된 것이었다. 생명을 맞바꾼 오늘의 기적을 만들어낸 것도 바로 어린아이가 우직하게 쌓아온 그 시절의 기도였다.

도란도란 나누던 그 시간에만 잠시 머물다가 어디론가 홀연히 사라진 줄 알았던 기도의 향연이 사실은 하늘나라 기도통장에 든든히 쌓여 있었던 것이다. 나도 잊고 있었던 기도의 존재를 하나님은 십 년이 넘도록 똑똑히 기억하고 있었다.

나는 병원 바닥에 무릎을 꿇고 이렇게 기도했다.

"주님, 제가 일생을 주님을 위해서 바치길 원합니다."

생애 첫 번째로 드린 서원이었다. 밤이 새도록 나는 잠을 이루지 못했다. 내게 새 삶을 허락해주신 하나님께 무엇으로 보답해드려야 할까 고민하느라 잠이 오지 않았다. 이미 거저 받은 삶을 하나님께 거저 쓰시라고 모두 드리고 싶었다.

그 서원을 한 지 몇 년 후, 마침내 내 삶을 주님께 드릴 기회가 찾아왔다. 나의 19년의 해외 선교 사역은 그렇게 시작되었다. 누구에게나 살아왔던 모든 생각과 가치관을 깨뜨릴 법한 터닝포인트가 있다. 나에게는 이 사고가 그런 계기가 되었다.

이제까지 내가 생각하는 기도의 개념은 한정된 시간 안에서만 맴돌았다. 내가 기도하는 그 시간, 그 장소, 그 좌표 안에서만 기도의 능력이 발휘된다고 생각했다. 그러나 우리가 시간과 공간에 머무르는 동안에도 기도는 시간과 공간의 제한 없이 이루어지고 발휘되고 있었다. 때로는 친구에게 수다 떨듯, 때로는 아버지께 이르듯, 시시콜콜한 대화들로 채워갔던 어린 시절의 기도가 십여 년 후 생명을 살리는 결정적인 힘이 되었기 때문이다. 마치 비상 상황에서 목돈을 모아둔 적금통장을 깨서 위기를 모면하는 것처럼 말이다. 기도에는 그런 힘이 있다.

또 다른 천사가 와서 제단 곁에 서서 금향로를 가지고 많은 향을 받았으니 이는 모든 성도의 기도와 합하여 보좌 앞 금 제단에 드리고자 함이라
_계 8:3

73

PART 2

부르심에 순종, 아프리카로

01 젊음을 깨뜨린 선교사

처음부터 아프리카 선교를 작정한 것은 아니었다. 한국에서도 얼마든지 사역을 배워가며 미래를 준비할 수도 있었다. 그러나 어렸을 때부터 사소한 것 하나라도 기도로 물었기 때문에 이번에도 하나님의 뜻을 먼저 구하기로 했다.

비전을 놓고 작정하여 기도하는 동안 하나님께서는 인상 깊었던 두 가지 일을 떠오르게 하셨다. 그중에 하나가 대학생 때 참가했던 선교 캠프에서의 일이다. 친구의 손에 이끌려 3일간 선교 캠프에 참가했다가 눈물 콧물 흘리며 성령님의 임재를 경험했던 적이 있었다. 나뿐만 아니라 참가한 많은 청년이 땀범벅이 되어 열정적으로 찬양하고 기도했다.

한참 기도회를 인도하시던 선교사님께서 갑자기 "지금 마음에 선교에 대한 감동이 드는 사람은 일어납시다!"라고 하셨다. 선교사님의 외침에 나는 울면서 자리에서 일어났다. 받은 은혜에 가슴이 벅차올라 일어서지 않을 수 없었다. 주님이 부르시면 지구 끝까지라도 가리라는 열정적인 마음이었던 것 같다.

일어서면서도 눈물이 그치지 않아 허리를 구부린 채로 오열했던 것 같다.

그때 임하였던 하나님의 임재는 견디지 못할 만큼 강력했고, 나는 일 년 반 뒤 두 번의 단기선교를 가게 되었다. 두 번 모두 케냐 땅을 다녀오게 되었는데, 외국인이 신기했는지 아이들이 우르르 나에게 달려왔다. 아이들의 맑은 눈망울이 너무 예뻐 보였다. 2주 정도 그 곳에 머물렀는데, 그 사이에 정이 많이 들어서 귀국하는 날 눈물을 보이는 친구들도 있었다. 한국에 돌아온 뒤에도 아이들의 선한 눈망울이 아른거렸다. 한편으로 이런 애틋한 마음이 주님의 마음이 아닐까 하는 생각에 깊은 은혜에 잠기기도 했다.

그로부터 몇 년 후, 나는 선택의 갈림길에서 떠오른 아프리카에 대한 마음들을 깊이 묵상해보았다. 기도하면 할수록 마음의 확신은 더 커져갔다.

"주님 주시는 마음이면 순종하겠습니다. 하나도 잊지 않으시고 끝까지 책임지시는 하나님을 신뢰합니다!"

그렇게 비전을 위한 21일의 기도를 마무리하고, 나는 아프리카행 비행기에 몸을 실었다.

여호와께서 임하여 서서 전과 같이 사무엘아 사무엘아 부르시는지라

사무엘이 이르되 말씀하옵소서 주의 종이 듣겠나이다 하니 _삼상 3:10

02 인내의 근육이 차오르는 시간

"최 목사님!"

케냐 공항에 내리자 선교사님이 손을 흔들며 서 계셨다. 케냐행이 결정되자 아는 목사님께서 케냐에 있는 선교사님을 소개시켜주셨다. 처음 만난 선교사님인데도 타향에서 나를 알아봐주는 한 명이 있다는 것이 너무 든든했다. 선교사님의 차를 타고 공항에서 시내로 들어서니 여러 대의 승합차들이 무질서하게 세워져 있었다. 그런데 특이한 점이 있었다.

'용인태권도', 'OO카센타' 승합차 대부분에 한글로 된 스티커들이 붙어 있었다. 그런데 글씨 일부가 떨어져 나가고 일부는 덕지덕지 붙어 있어서 달릴 때마다 펄럭펄럭 휘날리는 게 지저분해 보였다. 내가 선교사님께 물었다.

"저 글씨를 떼면 더 깨끗해 보이고 좋을 텐데, 왜 계속 붙이고 다니나요?"

"외국어가 붙어 있어야 중고차 가치도 올라갑니다. 은근히 자랑하려고 저렇게 두는 거예요."

듣고 보니 이해가 됐다. 돌이켜보면 우리나라도 예전에는 영어가 적혀 있으면 괜히 더 좋아 보이던 때가 있었다. 자랑스럽게 생각하거나 의미 있다고 생각되면 자연스레 더 드러내고 싶어진다.

내가 탄 승합차에도 한글 스티커가 붙어 있었다. '너덜너덜한 한글 스티커도 저렇게 자랑스럽게 드러내고 다니는데, 나는 가장 위대하신 주님의 이름을 얼마나 자랑하고 다녔는가! 주님, 더 당당하게 예수님을 드러내며 살겠습니다. 내 평생 가장 의미 있는 이름, 오직 예수 그리스도의 이름을 드러내며 살아가겠습니다.' 그렇게 다짐하며 선교사의 첫발을 내디뎠다.

。

케냐에서의 일상은 단순했다. 아침에는 현지인들로부터 스와힐리어를 배우고, 점심에는 선교사님과 점심을 먹고 설거지한 후 마당을 쓸었다. 오후에는 혼자 예배를 드리고 책도 좀 보다가 저녁을 먹으면 해가 지고 나는 잠자리에 들었다. 그런데 한 달이 지나도, 두 달이 지나도 여전히 같은 일상의 반복이었다.

하나님께서 부르신 데에는 분명히 이유가 있을 것이라고 믿었다. 그러니 기도하는 내내 케냐 선교에 대한 감동을 주시지 않았을까. 그러나 나는 여전히 마당을 쓸고 밥그릇을 치울 뿐이었다. 석 달째가 되자 불쑥불쑥 의심과 염려가 찾아왔다.

'이렇게 지내도 되는 건가.' 나름 한국에서 파송을 받고 왔는데, 모든 교인의 축복기도를 받고 왔는데, 많은 동역자의 눈물 어린 기도가 무색할 만큼 아무 사역도 못하고 있는 내 모습이 보기에 민망했다. 밥만 먹으려고 여기 온 게 아닌데, 마당만 쓸려고 여기 온 게 아닌데 하며 생각의 꼬리잡기를 하다가 잠이 들었다.

케냐는 불빛이 많이 없어서 깜깜한 밤이 되면 별이 쏟아질 것처럼 정말 많다. 무수한 별 아래서 생각은 더 많아졌다. 그때마다 찬양을 부르며 마음을 정리했다. 서너 시간씩 찬양을 부르다가 다음 날 목이 쉰 적도 있었다. 어제 부르던 곡을 오늘 또 불러도, 아는 가사를 2,30번씩 내내 불러도 부어주시는 은혜가 매일 새롭고 나날이 은혜가 깊어갔다.

처음에는 신나게 찬양을 시작하다가도 어느새 눈물 콧물 범벅이 되어 있었다. 가사 한 자 한 자에 곡조를 붙여 부르면, 이 기도가 하늘 높이 올라가 하나님께서 다 듣고 계신다는 확신이 들었다. 화려한 세션 없이 낡은 기타 하나로 찬양을 부르는데도 마음이 뜨거웠다.

°

처음 케냐에 도착했을 때, 제대로 하는 일 없이 여덟 달을 보내게 될 줄은 몰랐다. 예상치 못한 공백이라 더 막막했고 이 길이 맞는지 혼란스러운 마음도 있었다. 그렇지만 끝까지 기다릴 수 있었던 것은, 이 결정이 내 경험이나 감정에 의한 것이 아닌 오직 하나님의 부르심에 따른 것이기 때문이었다.

아프리카 선교를 결단하기 위해 내가 한 기도들이 여전히 쌓여 있다는 확신, 또한 하나님이 주신 응답이라면 가장 좋은 것이라는 믿음이 있기에 잠시 흔들리던 마음도 다시 굳게 다잡을 수 있었다. 하나님께서는 무려 여덟 달을 기다리게 하셨다. 그 모습 그대로 머물게 하셨다. 많은 선교사가 이런 기다림과 인내의 시간을 경험했을 것이다. 어쩌면 지금 인내의 터널을 통과하고 있는 선교사가 있을 수도 있다.

선교지는 한국과 달라서 흔한 십자가 불빛 하나, 교회 건물 하나 찾아보기 어렵다. 스스로 예배를 인도하고 주일을 지킨다. 예배를 빠져도 누구 하나 터치하는 사람이 없다. 정신을 차리지 않으면 영적 루틴이 한순간에 풀어지기 쉬운 환경이다. 그래서 수시로 '나는 왜 여기에 있는가? 내가 이곳에 있는 것이 과연 정확한 하나님의 뜻인가?'에 대한 의문이 밀려왔다. 이때 붙들었던 것은 나를 여기에 보내신 하나님의 큰 그림을 믿는 믿음이었다.

요셉은 형들에게 배신당하고, 노예로 팔려가고, 보디발의 집에서 누명을 쓰고, 감옥에서 억울한 옥살이를 이어갔다. 하나님 앞에 늘 정직하고 신실했지만 인생이 풀릴 기미가 보이지 않았다. 그러나 이 와중에도 요셉은 모든 것이 합력하여 선을 이루신다는 하나님의 섭리를 믿었다. '내가 왜 여기서 썩어야 하나'라고 생각하는 것이 아니라 상황 너머에 있는 하나님의 선하심을 신뢰했던 것이다. 반드시 하나님의 계획하심이 있다는 것을 의지적으로 상기시키고 늘 기억해야 눈앞의 상황에 낙심하거나 흔들리지 않을 수 있다.

전기가 들어오지 않는 집에서 쇠로 된 큰 자물통으로 문을 잠가도 불안해서 뜬눈으로 밤을 지새웠던 날들이었다. 그런데도 인생에서 가장 행복한 시간 또한 이때였다고 자신한다. 혼자 기타 치며 찬양하고, 기도하며 밤새 울면서 하나님의 위로하심을 가장 선명하게 느꼈던 시간들이었다. 이때 키운 인내의 근육들이 이후 7년의 아프리카 사역에 소중한 자양분이 되었다. 하나님과의 교제는 더 깊어졌고, 신뢰가 굳건해졌다. 아무리 막막한 어둠 가운데서도 빛 되신 예수님만 있으면, 하나님의 선하신 약속만 있으면 충분하다는 것을 깨달았다.

덕분에 7년간 문제가 오랫동안 해결되지 않아도 여전히 함께 계시는 예수님을 굳게 신뢰하며 하나님의 때까지 평안함으로 기다릴 수 있게 되었다. 풀리지 않는 상황에서 인내의 근육이 생기면, 믿음 위에, 말씀 위에 내 상황을 올려두고 기다릴 수 있게 된 것이다. 하나님의 타이밍은 절대 지연도, 오차도 없다. 시간의 낭비도, 불필요한 사건도 없다. 여덟 달은 하나님의 전지전능하고 신실하신 사랑을 깨닫는 값진 시간이었다.

인내를 온전히 이루라 이는 너희로 온전하고 구비하여 조금도 부족함이 없게 하려 함이라 _약 1:4

----

03 주님밖에 없습니다

여덟 달 후 나는 드디어 한 선교사님의 제안으로 우간다와 케냐의 국경지대인 부시아 지역과 케냐 남서부 지역을 중심으로 원주민 전도 사역을 시작하게 되었다. 하나님은 나의 때가 아닌 하나님의 정하신 때에 만남을 통하여 문을 열어주셨고, 그때부터 본격적으로 선교 사역의 문이 열리기 시작했다. 사역의 문이 빨리 열리지 않아 답답하고 힘들었지만, 돌아보니 하나님께서 열어주신 그 시기가 가장 적절한 때였음을 고백하고 감사하게 된다.

나는 예수 영화를 상영하는 사역과 전도지와 선교 물품을 나누어주며 전도하는 사역부터 시작했다. 사역을 통해 영혼 구원의 열매가 맺어질 때면, 그로 인한 기쁨이 말할 수 없이 컸다.

그러던 어느 날, 교회와 교육관 건물 건축 요청이 들어왔다. 한 달 동안 기도한 후 교회를 건축하기로 결정했다. 선교를 시작한 지 3년째 되던 해였다. 케냐와 우간다의 국경지대인 부시아 마을에 처음으로 세워지는 교회이자 노숙자 쉼터를 겸한 교육관 건축이라 더 의미가 컸다.

나는 공병대 시절의 건축 경험을 토대로 재료를 구매했고, 공사비를 절약하기 위해서 직접 공사 현장을 감독했다. 한 푼이라도 절약하기 위해서 매일매일 건축 현장에서 함께했다. 군대 시절 공병대 생활의 열매가 드러나는 순간이었다. 8년 전부터 미리 건축을 준비하신 '여호와 이레'이신 하나님의 계획이 참으로 놀랍다는 생각을 했다. 이렇게 모든 것이 순조롭게 흘러가는 것처럼 보였다.

그런데 공사가 시작되면서 계획이 하나둘 엇나가기 시작했다. 같은 지역에 살아도 서로 종족이 다르고 언어도 가지각색이다보니 의사소통이 쉽지 않았다. 공사 감독을 보조하는 현지인의 영수증을 우연히 발견했을 때 언뜻 봐도 결제된 금액이 훨씬 많았다. 몇 번을 계산해봐도 잘못된 것이 틀림없기에 항의했다.

"가격이 다르잖아요. 왜 저를 속였습니까?"

"자갯값이 좀 오른 것뿐이에요."

외국인을 상대로 한 전형적인 사기 현장인데도 그의 표정은 당당하기 그지없었다. 다른 공사 담당자를 고용해도 마찬가지였다. 단 하루도 무사히 지나간 적이 없었다. 자연스레 예산은

초과했고 공사 기간은 늘어났으며 급기야 공사 중단의 위기까지 몰렸다. 생활비까지 다 쏟아부었는데도 여전히 공사비는 부족했다. 내가 수습할 수 있는 범위를 넘어서자 더 기도에 집중하기로 했다. 밤을 새워가며 또 금식하며 하나님께 간절히 매달렸다.

"주님, 복음의 불모지인 이 땅에 교회가 세워지게 해주세요. 좋은 사람 만나서 재정문제가 잘 해결되게 해주세요. 제발 건축 사업이 중단되지 않게 해주세요."

사실 예산만이 문제는 아니었다. 엉켜버린 인간관계와 생활고로 인해 나는 이미 몸과 마음이 많이 지쳐 있었다. 하루에도 몇 번씩 여기저기서 문제가 발생하니 스트레스와 중압감을 느꼈다. 선교사로서 마음대로 화를 낼 수도 없어서 손해를 보아도 편하게 묻지 못하고, 안 들리는 척, 못 본 척하고만 있으려니 나중에는 화병이 날 지경이었다.

집에서도, 교회에서도 온통 교회 건축 생각뿐이었다. 하나님의 방법으로 다시 일으켜주시기를 간절히 구했다. 하나님께서 세우기로 하셨으니 언제든 다시 시작하게 하실 줄 믿었다. 기도하다가도 전화가 울리면 혹시 기도 응답일까 기대했지만, 기다리던 재정 지원 소식은 없었다. 건축비도 부족하고 선교비도 바닥난 상황이었다. 남은 건 생활비뿐이었다.

그러던 어느 날 전화 한 통이 왔다. 모녀를 심방해달라는 부탁이었다. 심방하러 가보니 그 곳에는 돈이 모자라 병을 치료받지 못하고 있는 딸과 그를 눈물로 간호하는 어머니가 있었다. 딸의 어머니가 내 손을 꼭 붙잡으며 기도를 부탁했다. 그냥 보기에도 당장 치료를 받지 않으면, 이대로 딸의 건강이 더 악화될 것만 같았다. 손을 얹고 간절한 마음으로 기도하는데 마음속에 말씀 한 구절이 떠올랐다.

"주라 그리하면 너희에게 줄 것이니 곧 후히 되어 누르고 흔들어 넘치도록 하여 너희에게 안겨 주리라"(눅 6:38).

바지 뒷주머니에는 집에 가는 길에 장을 보려고 챙겨온 돈이 조금 들어 있었다. 순간 생활비가 모자라 먹고 싶은 것도 제대로 못 사먹는 아내의 모습이 아른거렸다. 그렇지만 하나님은 계속해서 마음속에 감동을 주셨다. 결국 나는 뒷주머니에서 돈을 꺼내어 모녀에게 건네주었다.

"얼마 안 되지만 수술비에 보탬이 되길 바랍니다."

돈을 쥐여주고 나오는데 물질이 있는 곳에 마음이 있다는 말씀이 절로 이해가 되었다. 마음을 다 드리며 순종하니 가난하지만 기쁨이 가득했다. 그러나 아무것도 남아 있지 않은 순간에 터져 나온 기도는 정말 절실했다.

"이제는 정말 주님밖에 없습니다."

그냥 도와주셨으면 하는 수준이 아니었다. 정말 주님이 아니면 다른 방도가 없기에 예수님을 온전히 의지했다. 내가 할 수 있는 것이 단 하나도 없고, 지푸라기조차 잡을 수 없는 빈손이 되었을 때 내가 궁극적으로 찾은 이름은 '주님'이었다. 비로소 나의 모든 주권을 주님께 맡겨드리게 된 것이다.

내가 지존하신 하나님께 부르짖음이여 곧 나를 위하여 모든 것을 이루시는 하나님께로다 _시 57:2

"이제는 정말 주님밖에 없습니다."

04 예기치 않은 방법으로 응답하시는 하나님

북적거리는 시장통에서 아내가 잠시 걸음을 멈췄다. 그리고 바닥에 깔아놓고 파는 중고 티셔츠를 뒤적거리며 옷을 고른다. 세 벌 중 한참을 고민하더니 고심 끝에 한 장을 고르고는 돈을 꺼내는 아내의 뒷모습에 눈물이 핑 돌았다. 남편으로서 면목이 없었다. 하나님의 기적 같은 일이 일어나기를 기대했다. 하지만 부족한 건축비는 여전히 채워지지 않았다.

"예산이 부족해 공사 진행이 불가능합니다. 공사를 중단하겠습니다."

생활도 점점 어려워졌다. 시멘트 통만 나뒹구는 공사 현장을 보니 가슴 속에서 울컥한 것이 올라왔다. 젊은 나이에 선교사 남편을 따라 아프리카로 와서 고생하는 아내가 안쓰러웠고 또 미안했다. 그럼에도 불구하고 이번에도 주님께서 주님의 방법으로 일하신다고 믿었다.

계속해서 기도하며 이런 생각도 했다. '일단 다른 선교사님께 빌려달라고 할까? 빌린 다음 조금씩 갚아나가도 되지 않을까?' 한국에서 갑자기 선교비를 보내주는 드라마틱한 일은 바라지도 않았다. 어떻게든 현장에서 해결해야 한다. 그러나 당최 뾰족한 수가 없어 해결책을 주시도록 기도했다. 그런데 며칠 동안 계속 떠오르는 사람이 있었다. 얼굴만 알고 지내던 케냐 감리교 감독 회장이었다. 감리교 감독 회장은 교단 최고 수장이다.

'에이, 아무리 그래도 케냐 감리교단에 도움을 요청하는 건 좀 아니다.'

상식적으로 선교하러 온 선교사가 현지인에게 돈을 빌리는 것은 흔한 일이 아니다. 오히려 선교사들이 현지인들을 독려하는 차원에서 헌금을 드리는 것이 관례이다. 현지인에게 부탁할 바에야, 한국의 후원자로부터 추가로 선교비를 지원받는 것이 더 쉬운 방법일 것이다. 몇 번이고 기도하며 하나님께 확신을 구했지만, 여전히 동일한 마음을 주셨다.

그래서 케냐 현지인 감독 회장과 약속을 잡고 며칠을 아내와 함께 간절히 기도했다. '주님께서 예비하신 통로라면, 확실하게 열어주세요. 주님이 모두 해결해주세요.' 약속 당일까지도 나는 확신이 서지 않았다. 자칫 잘못하면 서로 민망한 상황이 될 수도 있을 것이다. 그러나 우리 부부가 함께 기도할 때 주님이 여실 것이라는 확신을 다시 한번 동일하게 부어주셔서 평안한 마음으로 집을 나섰다. 케냐 감독 회장과 차를 마시며 생각은 온통 교회 건축 이야기를 언제 꺼낼 것인지 타이밍을 보고 있었다. 마침 건축 이야기가 나왔고 나는 하나님이 열어주신 상황이라 믿고 기도하며 조심스레 이야기를 꺼냈다.

"지금 건축이 중단된 상황입니다."

내 이야기를 듣고 있던 감독 회장은 지그시 눈을 감았다. 그리고 담담하게 물었다.

"얼마가 필요합니까?"

"8천 달러 정도 부족합니다."

그 당시 8천 달러면 한국 돈으로 천만 원 정도 되는 큰 액수의 돈이었다. '너무 많은 금액에 놀라 단칼에 거절당하지 않을까? 적정선으로 건축비 일부만 요구할 걸 그랬나?' 침 삼키는 소리마저 들릴 정도로 정적이 흘렀다. 잠시 후 감독 회장이 입을 열었다.

"제가 드리겠습니다."

"네? 8천 달러를요?"

"네. 8천 달러 모두요."

어떻게 선교 현지의 감독 회장이 해외에서 온 선교사에게 그 큰돈을 선뜻 주겠다고 했는지 논리로는 설명되지 않는 일이 벌어진 것이다.

°

하나님은 우리의 기도를 모두 들으시고 예기치 않은 방법으로도 응답하시는 분이다. 돌아보면 하나님의 방법은 나의 생각과 다를 때가 훨씬 더 많았다. 그러나 미처 예상하지 못한 그 방법이 나에게 더 좋은 편이었다는 것은 변하지 않는 결론이다. 나는 더 이상 보여지는 상황에 낙심하지도, 포기하지도 않게 되었다. 때가 이르매 반드시 거두게 하시는 하나님이 나와 함께하심을 믿기 때문이다.

우리가 선을 행하되 낙심하지 말지니 포기하지 아니하면 때가 이르매 거두리라 _갈 6:9

재정이 채워진 이후에도 교회 건축이 완성되기까지는 정말 많은 일이 있었다. 현지 인부들 간의 의견 차이, 건물 허가 지연 등 여러 돌발 상황 가운데서도 나는 매일 완공된 성전을 마음속에 그리며 믿음으로 전진해갔다. 하나님의 은혜라고밖에 설명되지 않을 정도로 모든 순간 기도 응답이 있었고, 기적과 같은 일들이 벌어졌다.

하루는 건축 자재를 구매하기 위해 케냐와 우간다의 국경 지대인 '부시아'를 지나고 있었다. 그런데 어디선가 나타난 경찰차 한 대가 계속 따라왔다. 애써 무시하고 직진했지만 마음은 조마조마했다. 먼저 가라고 속도를 늦추어 길을 비켜주었는데, 그들도 똑같이 속도를 늦췄다. 다시 속력을 높이자 그들도 다시 속력을 높여 내 차 뒤를 바짝 따라붙었다.

'무슨 이유일까? 법이라도 어겼나? 번호판이라도 떨어져 나갔나?' 하지만 이렇다 할 만한 이유가 없었다. 설령 속도위반이라 해도, 애초부터 교통 법규를 잘 지키지 않기 때문에 달리는 차량을 잡는 경우는 매우 드물었다. 두려운 마음에 주님께 간절히 기도했다.

"주님, 도와주세요. 벌금을 물지 않고 잘 통과하게 해주세요."

경찰은 점점 더 간격을 좁혀 내 차를 쫓아왔고 급기야 차를 가로막았다. 일단 나도 차를 세웠다. 그래도 혹시 몰라 시동은 끄지 않았다. 경찰이 먼저 차에서 내리더니 운전석 쪽 창문을 두드렸다. 그리고 나더러 나오라고 손짓했다. 나는 차에서 내렸다.

"왜 나를 세우는 겁니까?"

"당신은 속도를 위반했습니다."

키가 큰 경찰들이 나를 에워쌌다. 경찰들의 덩치에 뜨거운 햇볕이 가려지니 서늘한 그늘이 만들어졌다. 특히 험상궂은 인상의 경찰이 내가 메고 있던 가방을 뚫어져라 쳐다봤다. 케냐 현지인들은 외국인을 '무중구'라고 부른다. 그래서 외국인이 거의 다니지 않는 외진 지역에서는 종종 무중구를 타깃으로 돈을 뜯어내기도 했다. 경찰이라고 예외는 아니었다. 더욱이 이곳 경찰은 딱히 법을 두려워하지 않는 분위기였다. 주변에 도움을 요청할 사람도 없고, 경찰들은 아예 내 말을 들으려고 하지 않았다. 번뜩이는 그들의 눈빛을 보니 그들의 요구대로 해줘야 할 것 같았다.

"그냥 벌금 티켓을 끊어주세요."

"300달러입니다."

"예?"

300달러면 현지 교회 성도들이 한 달은 족히 먹을 수 있을 만큼의 돈이었다.

"아니, 300달러가 말이 됩니까? 그런 규정이 없다는 걸 잘 압니다. 난 선교사라서 그만한 돈도 없어요."

케냐에서 교통법을 위반했을 때 벌금은 법적으로 많아야 30달러였다. 억울함에 호소도 해보고 부탁도 해보았지만 소용없었다. 돈을 낼 수 없다고 하자 그들은 나를 강제로 경찰차에 태우고 어딘지도 모를 골목을 누비며 한참을 달렸다. 처음 보는 창밖의 거리를 보며 다시 이 길로 나올 수 있을까 하는 두려움이 엄습했다.

○

잠시 후 도착한 곳은 낡고 허름한 건물이었다. 언뜻 보기에 경찰서 같았다. 여기서 사람 하나 사라지는 것은 일도 아닐 것 같았다. 차에서 내리자 제복을 입은 건장한 사내들이 나에게 신발을 벗으라고 소리쳤다. 그들의 태도는 매우 위협적이었다. 신을 벗고 맨발로 섰다. 그들은 나를 유치장 같은 곳에 가두고 자물쇠를 채웠다.

신발도 벗겨진 채 유치장에 갇힌 내 모습은 너무 초라하고 비참했다. 맨발을 타고 차가운 기운이 고스란히 느껴졌다. 이곳에서 몇 시간을, 며칠을 더 있을지 모른다고 생각하니 마음이 복잡했다. 너무 서러워 주님께 기도했다.

"주님, 도와주세요. 제가 지금 의지할 분은 주님밖에 없습니다."

불법을 저질러서 갇힌 것도 아니고, 나가고 싶지만 돈이 없었다. 속상하고 억울한 마음에 눈시울이 붉어졌다. 이때 마음속 깊은 곳에서 세밀한 음성이 들려왔다. '상훈아, 이것이 너에게 간증이 될 것이다.' 주님의 음성이었다. 이어서 말씀 한 구절이 떠올랐다.

"네가 물 가운데로 지날 때에 내가 너와 함께할 것이라 강을 건널 때에 물이 너를 침몰하지 못할 것이며 네가 불 가운데로 지날 때에 타지도 아니할 것이요 불꽃이 너를 사르지도 못하리니"(사 43:2).

'아멘.' 속으로 연거푸 아멘을 외쳤다. 비록 비좁고 허름한 유치장 안에 갇혀 있지만, 이곳에서도 주님이 함께하신다는 확신이 생겼다. 성경 구절을 열 번 스무 번씩 작지만 강하게 선포했다. 같은 말씀을 반복해서 읊조리니 점점 더 말씀 위에 굳게 서게 되었다. 복잡했던 생각이 잠잠해지고 혼란했던 마음이 차분해졌다.

그런데 쇠창살 틈새로 바라본 유치장 밖의 상황은 마치 내 존재를 잊은 것처럼 잠잠했다. 조용히 있는 나를 아무도 찾지 않았고 아무도 사연을 묻지 않았다. 가끔씩 따가운 눈초리로 나를 째려볼 뿐, 꺼내줄 생각이 아예 없어 보였다. 책상 위에 휴대전화 하나가 놓여 있었다. 아까 경찰이 내 바지 뒷주머니에서 압수한 것이었다. 나는 제일 가까이 앉은 경찰에게 말을 걸었다.

"전화 한 번만 하게 해주세요."

"……"

아무 대답이 없었다.

"일 분이면 됩니다."

"조용히 해!"

그들은 단호했다. 벽에 걸린 시계 바늘이 어느덧 6을 가리키고 있었다. 경찰서에 왔을 때 4시쯤이었으니 벌써 두 시간쯤 지났다. 6시가 넘어가자 경찰들이 한번에 우르르 나갔다. 저녁을 먹으러 가는 듯했다. 이어서 처음 보는 경찰 한 명이 들어왔다. 쇠창살 너머로 나는 다시 한번 정중하게 물었다.

"전화 한 통화만 하면 안 되겠습니까? 도와주십시오."

"… 선교사입니까?"

"네, 그렇습니다."

경찰은 왠지 크리스천인 것 같았다. 그는 잠시 주변 눈치를 살피더니, 쇠창살 사이로 조용히 휴대전화를 건네주었다.

"딱 한 번 만이오."

휴대전화를 받자마자 전화번호부를 열었다. '몇 안 되는 케냐의 지인 중에 누가 여기까지 와줄 수 있을까?' 그들은 대부분 내가 살던 나이로비 근처에 거주하는 사람들이었다. 키수무 지역에서도 꽤 들어온 외진 곳이니 이 곳까지 오는 데에만 또 한참 걸릴 것이다. 집에 있는 아내에게 이 먼 곳까지 와달라고 하기에는 너무나 위험했다.

'주님, 누구에게 전화해야 할까요? 한 번뿐인 전화인데, 제발 떠오르게 해주세요. 제발, 제발.' 짧은 기도 중에 갑자기 한 사람이 떠올랐다. 몇 달 전에 만났던 감리교 감리사였다. 게다가 평상시에도 전화 연결이 어려웠던 사람이었다. 그래도 다른 방법이 없었다. 현지 감리사의 번호를 찾아 전화 버튼을 눌렀다.

'따르릉따르릉' 신호가 한 번 갈 때마다 속이 타들어가는 듯했다. 일 초가 일 분처럼 느껴졌다. 열 번 정도 벨이 울렸을 때 굵직한 목소리가 들렸다.

"여보세요?"

감리사의 목소리가 들리자 나도 모르게 "와!" 탄성을 질렀다. 그러나 반가움도 잠시, 시간이 얼마 없었다. 자초지종을 빠르게 설명했다.

"… 그래서 경찰서에 갇혀 있습니다."

"최 목사님, 제가 지금 회의하려고 먼 곳에 와 있어서 당장은 돕기 어렵습니다. 현재 위치가 어디입니까?"

"잘은 모르지만, 키수무 지역의 경찰서 같습니다."

감리사가 놀란 목소리로 되물었다.

"키수무요? 키수무라고요? 최 목사님. 제가 지금 회의하러 키수무에 와 있어요."

온몸에 전율이 흘렀다. 우리나라로 치면 보통 서울에서 만나는 사람을 우연히 같은 날 전남 해남에서 만난 셈이다. 전혀 예상조차 못할 일이었다. 감리사는 전화를 끊고 30분 만에 내가 있는 경찰서로 달려왔다. 유리창 너머로 감리사의 얼굴이 보이는 순간 온몸의 긴장이 풀리며 눈물이 왈칵 났다.

"주님, 감사합니다. 감사합니다!"

감리사는 나와 악수한 후 밖에 있는 다른 경찰들과 잠시 이야기를 나누었다. 경찰들은 자기들끼리 수군거리더니 흠칫 놀라는 눈치였다. 곧이어 한 명이 내게 다가오더니 자물쇠를 열고 내게 나오라고 손짓했다. 어찌 된 영문인지 몰라 일단 밖으로 나가 테이블 위에 있던 휴대폰을 주머니에 챙겨 넣고 신발을 신었다.

나중에 듣게 된 사실은, 감리사가 그 경찰 지부의 간부와 돈독한 사이였고, 특히 나에게 신발을 벗으라고 위협하고 유치장에 가두었던 경찰은 이전에도 종종 외국인들을 상대로 돈을 뜯어낸 전적이 있었다고 한다. 그렇게 나는 감리사의 도움으로 풀려나게 되었고, 억지로 나를 구속한 경찰은 도리어 징계를 받았다. 한순간에 전세가 역전되어버린 것이다.

순종했는데도 억울한 상황에 몰릴 때, 더 이상 아무것도 하지 못할 상황 가운데 처할 때가 있다. 그러나 하나님은 땅끝까지 나와 함께하시고 당신의 자녀를 돌보신다고 약속해주셨다. 절대로 고아와 같이 내버려두는 일이 없다. 그날 나는 하나님이 주신 메시지를 분명하게 깨달았다. 그것은 세상의 방법을 의지하지 않고 끝까지 하나님만 의지하면, 하나님께서 반드시 도우신다는 것이다.

내가 너희를 고아와 같이 버려두지 아니하고 너희에게로 오리라 _요 14:18

06 염소 치던 소년에게 일어난 기적

언젠가 한국에서 '마사이 신발'이 유행한 적이 있다. 그런데 정작 마사이 원주민은 신발을 신지 않는다. 그들은 오랜 시간 맨발로 다닌다. 그래서 발바닥을 만져보면 아주 단단하다. 기타를 배울 때 코드를 잡는 손가락에 굳은살이 생겨서 단단해지는 것과 같다. 나도 잠시 한국에 나왔을 때, 어떤 분이 마사이 신발을 선물해주셨다. 재밌기도 하고 신기하기도 해서 그 신발을 신고 케냐로 돌아가 원주민들에게 보여줬다. 그러자 다들 돌려가면서 신발을 신어보고 웃었던 기억이 있다.

지금의 케냐가 많이 도시화되었지만, 불과 20년 전만 해도 도시에서 조금만 차를 타고 나가면 허허벌판이 펼쳐졌다. 부족 단위로 생활하는 마사이 원주민들은 나뭇가지와 소똥을 짓이겨 만든 집에 열댓 명씩 모여 살았다. 벌레도 많고 냄새나는 소똥 집에서 지내지만 교회에 오는 성도들의 얼굴에는 늘 웃음이 떠나지 않았다. 특히 그들이 보여준 예배에 대한 열정은 지금까지 종종 떠오른다.

섭씨 40도까지 올라가는 한낮에도 원주민 성도들은 온몸에 땀이 줄줄 흐르도록 춤을 추며 찬양했다. 일단 찬양을 시작했다 하면 한 시간은 기본이고, 서너 시간 동안 기쁨으로 예배를 드렸다. 어떻게 그토록 열정적으로 예배드릴 수 있었을까? 지금 생각해보면 그들은 누구보다도 예배에 대한 사모함이 간절했던 것 같다.

집에서 차로 30분 정도 떨어진 거리에 교회가 있어서 우리 부부는 늘 차를 타고 다녔다. 우리가 도착할 때마다 교회 입구에는 늘 원주민들이 우리를 기다리고 서 있었다. 그늘 하나 없는 뙤약볕 아래서 예배마다 우리를 기쁨으로 반겨주었다. 그런데 하루는 교회로 가던 길에 차가 고장났다. 어찌어찌해서 차는 고쳤지만 이미 세 시간 정도 지나 있었다.

'아, 오늘은 사람들이 예배를 드리지 못하고 이미 집으로 돌아갔겠구나'라고 생각했다. 그런데 우리가 교회에 도착했을 때 누군가 손을 흔들고 서 있었다. 교인들이었다. 그 뙤약볕에서 세 시간이 넘도록 우리를 기다리고 서 있었던 것이다. 미안한 마음에 얼른 차에서 내리는 우리 부부를 그들은 한결같이 웃으며 환영해주었다. 그 마음이 너무나 고마웠다. 그런 사모함으로 예배의 자리에 나오니까 예배마다 하나님의 임재가 충만할 수밖에 없었다.

그중에서 특히 눈에 띄는 청년이 있었다. 올레케뭉게 마을의 교회 건축과 우물 파는 사역을 맡아 예배를 인도하게 되었을 때 나는 그곳에서 한 마사이 원주민 청년을 만났다. 붉은 천을 두르고 염소를 치는 그는 이 마을에서 나고 자란 청년이었다. 아침부터 밤까지 성실하게 염소를 치는 청년을 본 순간, 나는 이런 생각이 들었다.

'저 청년이 이 마을의 영적 지도자가 되면 참 좋겠다.'

강렬한 첫 만남을 마치고 집에 돌아왔다. 아내는 저녁을 준비 중이었는데 나는 말을 꺼낼까 말까 고민하다가 넌지시 물었다.

"여보, 오늘 본 청년 있잖아요."

"그 청년이 신학생이면 좋겠어요."

"당신도 그렇게 생각해요?"

알고 보니 아내도 그 청년을 보며 나와 같은 생각을 한 것이다. 그래서 우리는 같이 기도해보기로 했다.

"주님, 저 청년에게도 사모하는 마음이 부어지게 하옵소서."

하나님이 주신 마음이라면, 그 청년에게도 동일하게 부어질 것이라고 믿었다. 나와 아내는 그렇게 3개월을 기다렸다. 진짜 주님의 뜻이라면 청년도 같은 마음이기를 바랐다. 우리가 그 청년을 위해 기도하는 3개월 동안 하나님께서는 예배와 찬양을 통해 청년의 마음에도 동일한 비전을 부어주고 계셨다. 갈수록 하나님을 사랑하는 마음이 더 커지고, 주님과의 관계가 나날이 깊어지는 것이 눈에 보였다.

3개월의 작정 기도를 마치고 그 청년에게 주의 종이 될 것을 제안했을 때, 그는 기꺼이 순종하겠다고 답했다. 하나님께서는 우리의 기도에 선명하게 응답해주셨다. 청년은 그다음 학기부터 케냐 나이로비 신학교에 입학하여 신학을 공부했다. 감사하게도 교회에서 청년의 학비를 지원해주어 청년은 4년간 열심히 공부했다.

신학교를 졸업한 후 그는 '아모스'로 이름을 바꿨다. 주님 안에서 다시 태어난 것처럼 정체성이 완전히 달라졌다. 졸업 후 마을로 돌아온 아모스는 올레케뭉게 교회의 영적 지도자로 세워졌고, 오지 원주민 마을 전체를 복음화시키는 하나님의 사명자로 쓰임 받게 되었다. 염소 치던 소년에서 하나님의 귀한 종으로 인생이 완전히 바뀌게 된 것이다.

현재 화양감리교회에서 목회 중인 나는 청년들과 함께 올레케뭉게 마을로 단기선교를 다녀왔다. 마을에 도착하여 현지 선교사님들과 인사를 나누는데 낯익은 얼굴이 나를 보고 환하게 웃으며 인사했다.

"잠보(안녕)!"

아모스였다. 그는 18년 전 파송된 그 자리를 묵묵히 지키며 나와 같은 목회자로 쓰임 받고 있었다. 우리는 한동안 서로 부둥켜안고 반가움의 눈물을 흘렸다. 이산가족 상봉과도 같은 기쁨과 감격의 순간이었다. 현장에 함께 있던 청년들도 그 장면을 보고 눈시울을 붉혔다.

기도를 심으면 마음이 하나되고, 영혼이 회복되고, 마을 전체가 구원받는 역사가 일어난다. 나는 이 청년을 보며 이것을 경험했다. 특히 하나님의 임재를 사모하는 곳에서는 반드시 역사가 일어나며 하나님의 귀한 통로로 쓰임 받는 축복까지 누리게 된다.

지금도 종종 나는 그들과 함께 드렸던 예배를 떠올리며 그 사모함을 회복하려 한다. 무엇보다 그 중심이 하나님 앞에 온전했기에, 선하신 하나님은 그 모든 사모함을 기억하시고 기쁘게 받으셔서 오랜 시간이 흐른 지금까지도 열매 맺는 축복을 부어주셨다.

너희는 그 은혜에 의하여 믿음으로 말미암아 구원을 받았으니 이것은

너희에게서 난 것이 아니요 하나님의 선물이라 _엡 2:8

이른 아침 나와 아내는 생수 두 병과 간단한 음식을 준비해서 시내로 출발했다. 필요한 생필품이나 건축 자재, 교회 물품 등은 모두 시내에서 구매해야 했다. 우리가 사는 시골 한적한 길을 벗어나 30분 정도 달리면 소란한 도심의 분위기가 우리를 반겼다.

케냐에 들어와서 얼마 되지 않아 선교사님을 통해 중고차 한 대를 구입했는데, 당시 케냐의 중고차는 스틱 차가 대부분이었다. 한국에서 오토 기어를 사용할 때는 몰랐는데, 스틱 차는 수동으로 기어 변속을 해주어야 해서 익숙해지는 데 몇 주가 걸렸다.

앞서가던 차가 하나둘씩 흩어지고, 우리 차만 먼지 속을 달리고 있었다. 사람 한 명 지나다닐 정도의 좁은 길이었다. 그런데 저 멀리 사내 여러 명이 보였다. 언뜻 보아도 나보다 키가 30센티 이상 커 보였다. 심지어 한 명은 전쟁영화에서나 보던 사람 키만 한 장총을 들고 서 있었다.

그곳을 지나가야 하는데, 왠지 비켜주지 않을 것 같았다. 아내는 멈추지 말고 계속 가자고 다그쳤다. '그래, 가까이 가면 비켜주겠지' 나도 엑셀을 힘주어 밟았다. 하지만 그들은 여전히 길 한복판에 나란히 서 있었다. 마치 우리를 기다리는 것 같았다. 등에 식은땀이 쫙 흘렀다. 어쩔 수 없이 차를 세웠다. 사방은 쥐 죽은 듯이 조용했다. 잠시 뒤 사내가 운전석 옆으로 성큼성큼 다가왔다. 그리고 낮은 목소리로 말했다.

"당장 차에서 내려."

그렇게 말하며 들고 있던 총구의 끝을 빙빙 돌리며 어루만졌다. 나는 그때 그들의 눈을 보았다. 그들의 눈은 마치 먹잇감을 노리는 맹수의 눈처럼 강렬했다. 순간 온몸에 냉기가 흘렀다. 머리가 쭈뼛쭈뼛 섰다. '주님 지금 저와 함께 계시죠? 제 기도 듣고 계시죠? 보고 계시죠?' 하나님의 도우심을 구하며 나는 애써 침착했다.

우리가 계속 내리지 않자 사내는 열린 창문 틈으로 총구를 들이밀었다. 정확히 내 이마에 차가운 총구 끝이 닿았다. 옆 좌석에 사랑하는 아내가 앉아 있었다. 그러는 사이 다른 사내 두 명은 뒷좌석의 차창 쪽으로 움직여 차의 문고리를 잡아당기려 했다. 차마 차 문을 잠글 틈도 없었다.

'주님, 하나님께서 이 땅에 부르셨으니, 지금도 지키실 줄 믿습니다.' 기도하며 숨을 한번 들이쉬었다. 백미러로 보니 차 뒤쪽에 있던 사내에 의해 차 문이 열리고 있었다. 나는 순간 이마 정중앙에 있던 총구를 왼손으로 내리쳤다. 그다음 오른손으로 스틱을 힘주어 당겼다. 그리고 기어를 변속한 후 오른발로 액셀을 힘껏 밟았다.

눈 깜짝할 새에 차가 미끄러지듯 출발했다. 총을 들고 있던 사내가 뒤로 나자빠지면서 장총이 땅에 내동댕이쳐졌다. 뒷문을 열던 사내들도 길가에 나동그라진 모습이 백미러로 보였다. 타이어 타는 냄새가 모래바람 냄새와 섞여 올라왔다. 속도계가 100킬로미터를 넘어가고 있었다. 나와 아내는 계속 주님을 외치며 한참을 달렸다.

얼마나 달렸을까. 사람이 보이고 큰 길이 나왔다. 대로변에 차를 세우고 비로소 안도의 한숨을 내쉬었다. 아내와 서로 손을 꼭 맞잡았다. 둘 다 손에 땀이 흥건했다. 그제야 겨우 정신이 드는 것 같았다.

"여보, 많이 놀랐죠?"

아내는 여전히 넋이 나간 표정이었다. 많이 놀랐던 모양이다. 가방에 있던 생수병 뚜껑을 열어 아내에게 먼저 건넸다. 아내는 물을 마시며 말했다.

"아까는 어떻게 된 일일까요? 이 차는 급출발이 안 되잖아요."

"그러게요. 하나님이 우리를 살려주셨네요."

아내가 건넨 생수병을 받아드는데, 손이 벌벌 떨렸다. 얼마나 바짝 긴장을 했는지, 뒤늦게 팔다리에 쥐가 나는 것 같았다. 어느새 날이 저물고, 캄캄하고 인적이 드문 도로를 통과하여 집으로 향했다. 가는 길에도 아내는 계속 "주여, 주여" 하며 떨리는 목소리로 기도했다. 집에 도착할 때까지 긴장의 끈을 놓을 수 없었다.

마침내 저 멀리 익숙한 파란 지붕이 보였다. 우리 집이었다. 늘 보던 고철 지붕에 달빛이 반사되어 반짝거리는 것이 유난히 반가웠다. 그날 밤 나는 아내와 이런저런 이야기를 나누었다. 하루가 너무 길게 느껴졌다. 하나님은 생각지도 못한 방법으로 권총 강도의 포위에서 건지셨다. 우리를 살리신 하나님의 은혜에 그저 감사할 뿐이었다. 아내가 말했다.

"하나님께서 살리셨네요!"

차가운 총구의 느낌과 그들의 살벌한 눈빛이 여전히 생생하게 떠올랐다.

∘

늦은 오후, 햇빛만 피하면 제법 선선한 어느 날이었다. 나와 아내는 건축 자재를 구하기 위해 나이로비 시내를 지나 대학 쪽으로 향하고 있었다. 나이로비 마을로 들어가려면 한가운데 있는 높은 언덕을 넘어야 했다. 언덕 너머의 풍경이 전혀 보이지 않을 만큼, 언덕은 하늘 높이 솟아 있었다.

그날도 반쯤 누인 듯한 자동차에 등을 기댄 채 가파른 언덕을 천천히 오르고 있었다. 그런데 오르막 꼭대기에 다다를 때쯤 밖에서 소란스러운 비명이 들려왔다. 언덕 너머에서 무슨 일이 벌어진 듯했다. 차를 돌리고 싶지만 이미 앞뒤로 차가 꽉꽉 차서 길을 돌릴 수가 없었다. 그렇게 언덕 꼭대기에 올랐을 때 언덕 너머에 펼쳐진 광경은 충격적이었다.

쾅! 쾅! 대학생들이 단체로 몽둥이와 쇠파이프를 들고 차들을 부수며 돌진하고 있었다. 도로 위에 줄지어 정차된 차 속에 갇힌 시민들은 속수무책으로 힘없이 당하고 있었다. 여기저기서 부상자가 속출했다. 한쪽에서는 주먹다짐을 하기도 했다.

아프리카 최고 명문으로 불리는 국립 나이로비대학교는 다른 한편으로 학생들이 자주 데모하는 것으로도 유명하다. 케냐의 대학가 소식을 다루는 잡지에 그 시위 현장 기사가 많이 난다. 그날도 공교롭게 마을버스 요금 인상 문제로 인한 대학생들의 시위가 나이로비 시내 한복판에서 일어나고 있었다. 대학생들은 분노에 차서 닥치는 대로 기물을 파손하며 무력시위를 벌이고 있었다.

우리 차량은 이미 도로에 진입하여 앞차와 뒤차 사이에서 오도 가도 못하는 상황이었다. 흥분한 데모대가 우리 바로 앞차까지 몽둥이를 휘두르며 다가오고 있었다. 사방으로 튀는 유리 파편들, 사람들의 아우성에 도로는 매우 혼잡했다.

폭도들은 어느덧 우리 앞차를 부수고 있었다. 그중 한 명이 나와 눈이 마주쳤다. 그는 앞차를 지나쳐 빠르게 우리 차로 돌진해왔다. 손에 야구 배트 같은 방망이가 들려 있었다. '주님, 피할 길이 없을까요? 저들 손에 잡히면 죽을 것 같은데, 좀 도와주세요'라며 기도했지만, 더 이상 지체할 시간이 없었다.

다급하게 "주여, 주여"를 부르며 주변을 둘러보는데, 작은 틈이 보였다. 우리 차 바로 왼쪽 앞에, 사람 한 명 겨우 지나갈 만한 작은 골목이 있었다. 차가 한 발만 더 앞질렀거나 한 발 뒤에 있었다면 보지 못했을, 아주 좁은 샛길이었다. 나는 두 손으로 핸들을 꽉 잡고 휙 꺾었다. 앞차에 살짝 닿을 듯했는데 가까스로 샛길로 들어설 수 있었다. 덜컹거리는 비포장도로 샛길이 길게 펼쳐졌다. 사실 길이라고 하기에도 애매한 풀숲 사이였다. 추격대가 따라올 기세였다. 일단 무작정 직진했다.

"목사님, 뒤에서 누가 쫓아와요!"

아니나 다를까, 백미러를 통해 보니 누군가 우리를 쫓고 있었다. 아까 본 그 청년과 여러 명의 데모대였다. 그들은 뭐라고 소리치며 매서운 속도로 우리를 추격했다. 잠시도 멈출 수 없었다. 마침내 샛길에서 이어지는 큰 건물이 나왔다. 나중에 알고 보니 그 길은 나이로비 박물관으로 연결된 길이었다. 건물 주변으로 무장 군인들이 총을 메고 서 있었다. 족히 스무 명이 넘는 군인들이 건물 한 바퀴를 둘러 배치되어 있었다. 숨 막히는 긴장감에 주춤했지만 직진 외에 방법이 없었다.

박물관의 주차장 입구로 들어서자 총을 멘 무장 군인 한 명이 앞을 가로막았다. 일단 차를 세웠다. 그는 운전석 옆으로 다가와 내게 물었다.

"어디서 오십니까?"

"선교사입니다. 뒤에 시위대가 추격해 오고 있는데 잠시 들어가게 해주십시오."

나는 다급하게 말했다. 사색이 된 내 얼굴을 보고 군인도 얼른 들어오라는 듯 손짓했다. 무장 군인들을 지나 주차장 안으로 진입하는데 아까 본 시위대 차량이 나타났다. 높은 언성을 뒤로 하고 주차장 안으로 들어와 어두운 구석에 주차를 마치고 일단 시동을 껐다. 최대한 몸을 숙이고 누가 들어오는지 숨죽이고 기다렸다. 다행히 아무도 들어오지 않았다.

"주님, 제발 아무도 안 들어오게 해주세요"라고 몸을 웅크린 채 기도하는 아내의 목소리가 떨려왔다. 얼마나 지났을까. 소란하던 밖이 잠잠해지고 주차장으로 아무 차도 들어오지 않았다. 시위대 차량은 돌아간 듯했다. 안도의 한숨을 내쉬며 다시 차에 시동을 걸었다. 아내는 어깨를 축 늘어뜨린 채 눈을 감고 있었다. 주차장을 나오다가 아까 만난 군인을 다시 마주쳤다.

"정말 감사합니다. 당신이 아니었으면 위험에 빠졌을지도 몰라요."

"몇 주간은 이 근처에 오지 마십시오. 시위가 한창입니다."

"네, 정말 감사합니다."

우리는 고개 숙여 인사하고 박물관을 나섰다. 집으로 가면서도 어디서 시위대가 출몰할지 몰라 수시로 주변을 살폈다. 집에 도착해서야 가슴을 쓸어내렸다. 차 유리문 부수는 소리와 사람들의 아우성 소리가 들리는 것만 같았다. 주님이 아니었으면, 우리는 그곳을 빠져나오지 못했을 것이다.

∘

그로부터 이 주 후, 한국에서 한 통의 전화가 걸려왔다. 내가 중고등부 전도사로 사역했을 당시 가르쳤던 교회 자매였다. 자매는 나의 안부를 묻더니 조심스레 본론을 꺼냈다.

"목사님, 사실 며칠 전 목사님을 위해 기도하는데, 하나님의 천사들이 목사님 차 주변을 빙 둘러 호위하는 듯한 그림이 마음에 감동으로 느껴졌습니다."

그 말을 듣는 순간 얼마 전 나이로비 시위에 휘말린 사건과 권총 강도 사건이 연달아 떠올랐다. 내가 그런 일이 있었다고 말하지 않았는데, 주님이 자매에게 환상 가운데 보여주신 것이었다.

"왠지 기도해야 할 것 같아서 목사님 내외를 위하여 집중하여 중보했습니다."

아, 역시 기도의 힘이었다. 하나님의 일하심에 다시 한번 온몸에 소름이 돋았다. 자매는 우리의 장면을 정확히 본 것이다. 강도의 손에서 구출되고 데모대의 폭동 가운데서 건짐을 받게 된 것은 중보기도의 힘이었다. 머나먼 한국에서부터 아프리카 땅까지 원격으로 발휘된 중보기도의 능력이 시공간을 초월하여 나타난 것이다.

기적적으로 살아난 두 번의 사건을 통해 하나님께서는 기도가 쌓인다는 것을 다시금 실감나게 하셨다. 하나님은 중보기도가 꼭 필요한 때에 꼭 필요한 도움으로 응답되게 해주셨다. 또한 그 자매가 중보기도 간증을 나눠준 덕분에 나도 이 기막힌 원리를 알 수 있지 않았나 싶다. 모든 타이밍은 완벽했고 놀라운 하나님의 섭리라고밖에 설명할 방법이 없다.

그날 저녁, 나는 아내에게 이 이야기를 들려주었고 함께 하나님의 놀라우신 섭리를 기쁘게 찬양하며 높여드렸다. 눈에 보이지 않아도 우리가 드리는 기도가 금향로에 담겨 제단에 드려

지고 하나님은 성도의 기도에 응답하신다는 사실은 누가 믿든
지 믿지 않든지 변하지 않는 사실이었다.

진실로 다시 너희에게 이르노니 너희 중의 두 사람이 땅에서 합심하여
무엇이든지 구하면 하늘에 계신 내 아버지께서 그들을 위하여 이루게 하
시리라 두세 사람이 내 이름으로 모인 곳에는 나도 그들 중에 있느니라
_마 18:19-20

----

08 순종할 수 없는 상황에서 순종할 때

처음 아프리카 선교 사역에 뛰어들었을 때, 7년을 드리기로 하나님과 약속했었다. 그런데 아프리카 사역이 6년쯤 접어들었을 때, 아내가 임신 중에 풍토병에 걸렸다. 온몸에 붉은 반점이 일어났고, 구토와 고열에 시달렸다. 이제 막 첫 아이를 가진 터라 매우 중요한 시기였다. 여러 병원에 다녔지만 잘 낫지 않았고, 태아까지 위험해진 상태였다. 그래서 이렇게 기도했다.

"주님, 지난 6년 동안 교회와 학교도 세우고 최선을 다해 선교했습니다. 하나님과 약속한 1년이 남아 있지만 임신한 아내의 치료를 위해 한국으로 돌아가고 싶습니다."

일주일간 간절히 기도하며 하나님의 응답을 기다렸다. 그런데 기도를 하면 할수록 원치 않는 응답이 마음속에 들려오는 것 같았다.

'상훈아, 너는 남아서 너의 사명의 자리를 지켜라.'

일주일 내내 기도만 하면 이런 응답이니, 나중에는 기도의 자리에 가는 것조차 두려워졌다. 무엇보다 첫 아이의 출산 과정을 함께할 수 없다는 사실이 남편으로서 아버지로서 마음이 아팠다.

그러나 기도를 통해 찾아오는 마음의 눌림을 더 이상은 외면할 수 없었다. 무엇보다 하나님께서는 늘 내게 좋은 것만 주셨던 사랑의 주님이었다. 이번에도 내 뜻을 내려놓고 순종하면, 당연히 더 큰 은혜를 부어주실 것을 점점 더 확신했다. 결국 말씀에 순종함으로 아내만 한국으로 보내고, 나는 1년 동안 선교지에 남았다.

그런데 놀라운 일이 벌어졌다. 지난 6년간 사역했던 것보다 남은 1년 동안 하나님께서 부어주신 역사와 선교의 열매가 훨씬 컸다. 교회가 놀랍게 부흥했고, 3명의 마사이 원주민 청년이 신학교에 가게 됐다. 올레케뭉게 교회를 통해 인근 마을까지 복음화되는 역사가 일어났다. 하나님이 주신 복된 사역의 열매들이었다.

그렇다. 순종은 순종할 만한 일에 응답하는 것이 아니었다. 순종할 수 없는 상황에서 순종할 때 하나님께서 놀라운 일을 행하신다. 나는 7년의 아프리카 사역을 은혜 가운데 마치고 안식년을 겸하여 한국으로 돌아오게 되었다.

만일 그들이 순종하여 섬기면 형통한 날을 보내며 즐거운 해를 지낼 것이요 _욥 36:11

09 감사의 타이밍

2002년 한국에 돌아왔다. 먼저 한국에 돌아왔던 아내는 풍토병을 치료받아 완쾌하고 아이도 무사히 출산했다. 그런데 태어난 지 한 달이 된 아이가 한밤중에 갑자기 호흡이 가빠지기 시작했다. 아이를 들쳐업고 병원 응급실로 달려갔다. 의사가 내린 진단은 전신 패혈증이었다.

아이는 신생아 중환자실에 한 달간 입원했다. 그 작은 아이에게 24시간 내내 항생제를 투여했다. 약이 얼마나 독한지 몇 가닥 없던 아이의 머리카락이 다 빠졌다. 아이는 고통스러운지 이리저리 몸을 뒤척였다.

"이대로 증상이 계속되면 사망에 이를 수도 있어요."

고개를 내젓고 돌아서는 의사의 말에 앞이 캄캄해지는 것 같았다. 아이 대신 차라리 내가 아팠으면 좋겠다는 생각이 들었다. 아무것도 해줄 수 없는 답답함에 얼마나 가슴을 쳤는지 모른다. 인큐베이터 앞에서 밤낮으로 아이를 바라보며 기도했다.

그런데 기도하면서 문득 이런 생각이 들었다. '예수님이 십자가의 모진 고난을 받으실 때 하나님 아버지의 마음이 얼마나 아프셨을까?' 지금 나의 마음이 마치 나를 향한 하나님 아버지의 마음 같아 하염없이 눈물을 흘리며 그 사랑에 감사하는 기도를 드렸다. 여기까지 인도하신 하나님의 선하심에 대한 감사의 고백이 터져 나왔다.

"주님, 감사합니다! 감사합니다!"

아이는 여전히 아픈 상태 그대로였지만, 내 안에 하나님의 사랑이 채워지니 불안함은 사라지고, 잠잠히 아이를 위해 중보하게 되었다. 그렇게 새벽이 찾아올 무렵, 마음속에 평안함이 찾아오며 하나님께서 아이를 고쳐주신다는 확신이 들었다.

"주님, 우리 아이를 고쳐주셔서 감사합니다. 고쳐주신다는 믿음을 주셔서 감사합니다."

놀랍게도 그날 이후 아이는 급속도로 호전되어 모든 수치가 정상으로 회복되었다. 그리고 완쾌되어 일주일 만에 인큐베이터를 나오게 되었다. 이때 깨달은 것은 감사는 시점이 중요하다는 사실이었다. 예수님께서는 오병이어의 기적 때도 미리 감사의 기도를 하셨다. 나사로를 살리실 때 역시 미리 감사의 기도를 하셨던 것이 생각났다.

그동안 나는 문제가 해결되고 나서 그 상황에 대한 감사의 고백을 올려드렸다. 그런데 하나님은 상황이 바뀌지 않았지만 미리 감사의 고백을 드리는 것을 기뻐하셨다. 그리고 그 믿음 대로 현실적인 상황까지 바꾸어주신다는 영적 원리를 깨닫게 되었다.

예수께서 이르시되 내 말이 네가 믿으면 하나님의 영광을 보리라 하지 아니하였느냐 하시니 돌을 옮겨 놓으니 예수께서 눈을 들어 우러러 보시고 이르시되 아버지여 내 말을 들으신 것을 감사하나이다 _요 11:40-41

"하나님은 상황이 바뀌지 않았지만
미리 감사의 고백을 드리는 것을 기뻐하셨다."

10 안식년을 포기하고 알래스카로

아내와 처음 만난 것은 대학교 시절이었다. 어른들에게 예의 바르고 맡은 일을 성실히 해내는 아내의 모습에 첫눈에 반해 연애를 시작했다. 내가 아프리카 선교의 비전을 받고 결단할 당시 아내는 대학교 4학년으로 곧바로 함께 아프리카에 갈 수는 없었다. 1년 동안은 떨어져 있으면서 전화와 손편지를 주고받았는데, 첫 달 국제 전화비가 상당했다. 초반의 몇 달은 한 끼 덜 먹어야 몇 분이라도 더 통화할 수 있었다. 먹는 걸 줄여서라도 아내 목소리를 더 듣는 게 힘이 났다. 사랑하는 사람에게 그 정도는 아깝지 않았다.

우리는 아내가 졸업하고 두 달 후인 4월에 결혼식을 올렸다. 그리고 한 달 만에 바로 아프리카로 건너왔다. 그렇게 꽃다운 나이에 선교사의 아내가 되었다. 삼 일에 한 번 물이 나오는 곳에서 신혼생활이 시작되었다. 물이 없으면 직접 물을 길으러 가야 했고, 밤에는 전기가 들어오지 않아 할 수 있는 일이 없었다. 막 사회생활을 시작할 나이에 가장 더운 나라에서 6년이나 지낸 것이다. 게다가 출산 후 패혈증인 아이를 간호하느라 산후조리도 제대로 하지 못했다. 고생만 시키는 것 같아 볼 때마다 마음이 애잔했다.

그래서 나는 '이제 안식년을 가져야겠다'고 생각했다. 사실 나에게도 쉼이 필요했다. 보통 선교사들은 7년 정도 사역을 하면 1년간 안식년을 가진다. 고생한 아내를 생각해서라도 좋은 곳에서 안식년을 보내고 싶었다.

아내와 나란히 지구본을 돌려가며 가보고 싶은 나라를 정했다. 마침 알고 지낸 감리교 선교사님이 도움을 주시기로 했다. 많은 후보지를 두고 고민하다가 결정된 곳이 뉴질랜드였다.

"여보, 우리 뉴질랜드로 가서 안식년을 보냅시다. 그곳 자연이 너무 아름답대요. 그곳에 가면 힐링도 되고 충분한 쉼도 가질 수 있을 거예요."

아내는 아이처럼 기뻐했다. 뉴질랜드에서도 살기 좋은 도시 '로토루아'를 추천받아 아내와 함께 답사 차원에서 두 번 다녀오기도 했다. 선교사님 말씀대로 로토루아는 아름다운 도시였다. 온천지대라서 차에서 내리자마자 유황 온천 냄새가 가득했다. 산 위에 양들이 뛰놀고 푸른 초원이 펼쳐진, 그 위에 그림 같은 집들이 있는 정말 좋은 곳이었다.

우리는 먼저 뉴질랜드 비자를 신청했다. 다행히 선교사님의 도움으로 1년짜리 워크비자를 받을 수 있었다. 몇 주 후 인터뷰하러 오라는 문자를 받았다. 서울에 있는 뉴질랜드 대사관에 가서 인터뷰도 성공리에 마쳤다. 다들 인터뷰를 통과하려면 몇 차례 시도를 해야 할 거라는 염려와 달리 한 번에 통과가 된 것이다. 마지막으로 신체검사까지 받고 드디어 이민 허가 비자를 발급받았다.

°

이때까지만 해도 7년간 더운 나라에서 고생했다고 하나님께서 좋은 선물을 주신다는 생각에 기대감에 부풀어 있었다. 모든 준비는 완벽했다. 두 달간의 준비를 끝내고 남은 건 기도뿐이었다. 하나님께서 주신 아름다운 선물, 아름다운 뉴질랜드를 마음껏 누리고 오도록 기도하고 또 기도했다.

잠시 한국에서 머무는 동안에는 출석하는 교회가 따로 없었다. 그 사이 별도의 사역을 하지 않았기 때문에 아버지 교회에서 매일 새벽예배를 드렸다. 뉴질랜드행을 3주 정도 앞둔 어느 날 새벽, 하나님께서 부르셨다.

"상훈아."

빛이 눈부시게 비치고 동굴 안에서 울리는 메아리 같은 목소리. 원래 하나님이 부르시는 음성은 "사울아 사울아 네가 왜 나를 핍박하느냐"와 같은 웅장한 목소리인 줄 알았다. 그러나 귀로 듣는 목소리보다도 더 분명하게, 내 마음속 깊은 곳에서 주님의 세미한 음성이 들려왔다.

"상훈아, 가장 더운 지역에서 7년 동안 고생 많았다."

지난 아프리카 사역이 파노라마같이 지나가는 것 같았다. 우여곡절 끝에 완공된 케냐 감리교회가 떠오르자 다시 마음이 일렁였다.

"주님, 감사합니다. 모든 것이 다 하나님의 은혜였습니다."

"상훈아, 너는 나의 말이라면 무엇이든 순종할 수 있지?"

불길했다. 하나님이 선하신 분인 건 알지만, '무엇이든'이라는 말 속에 왠지 나의 한계 그 이상이 담겨 있는 듯한 뉘앙스였다.

"네, 주님. 그렇습니다."

엄한 소리 듣기 전에 기도를 마치려고 재빠르게 대답하고, 허둥지둥 기도를 마무리하려 할 때 다시 음성이 들려왔다.

"상훈아, 네가 가장 더운 나라에서 7년 동안 고생했는데, 이제 나를 위해서 가장 추운 곳에 가서 7년을 일해줄 수 있겠니?"

"네?"

잘 안 들리는 척을 했다. '원래 감동이라는 게 내 생각일 때도 있으니 잘못 들은 거겠지.' 주기도문을 재빨리 해서 기도를 마치고 집에 왔다. 아내도 잠시 후 새벽예배에서 돌아왔다. 나는 넌지시 물었다.

"여보, 혹시 별일 없었어요?"

"네, 별일 없었는데, 왜요?"

"아니, 그냥 뭐 주님이 주시는 감동 같은 거 없었어요?"

"없었어요. 왜요?"

"아니야, 아무것도."

그날 밤 아내와 나는 잠자리에 누워 뉴질랜드에 가면 뭘 하고 싶은지 하나하나 그려보았다. 나는 말을 하면서도 새벽에 하나님께서 주신 음성이 자꾸 생각났다. 하지만 이미 안식년을 보낼 생각에 신이 난 아내에게는 도저히 말할 수 없었다. '주님이 정 급하시면 다시 말씀하시겠지' 하고 잠을 청했다.

다음 날 아침, 다시 새벽예배에 나가 기도하는데, 주님은 또 말씀하셨다. 같은 음성이었다.

"나를 위해 가장 추운 곳에 가줄 수 있겠니?"

일주일 내내 새벽마다 하나님께서는 내 마음속에 같은 음성을 주셨다. 나는 매일 빨리 새벽기도를 마치고, 뒤도 돌아보지 않고 집으로 달려왔다. '3주만 지나면 뉴질랜드로 떠나는데, 집 계약까지 물러야 하는데, 이제 와서 나를 부르시나요? 주님, 제발 아니라고 해주세요!'

내가 며칠째 주님의 음성에 답하지 않자 그 뒤로 아무런 감동이 없었다. 무거운 침묵에 불안감을 느꼈다. '2주 뒤에 뉴질랜드로 가는 거야.' 속으로 계속 되뇌였지만 감출 수 없는 불편함이 스멀스멀 올라왔다. 하루는 새벽예배를 마치고 돌아온 아내가 내 방문을 두드렸다.

"목사님!"

아내가 비장한 표정으로 문을 열고 들어와 내 옆에 앉았다. 한참 무거운 침묵이 흘렀다.

"왜요, 무슨 일 있었어요?"

"할 말이 있는데요."

나는 침을 꿀꺽 삼켰다. 어릴 적 잘못을 들켰을 때 아이의 심정처럼 오금이 저리는 것 같았다. 긴장한 나머지 스스로 표정이 굳어지는 게 느껴졌다.

"오늘 새벽예배에서 하나님께서 마음속에 어떤 감동을 주시는 거예요."

나는 직감했다. 일주일 전에 받은 그 감동일 수도 있겠다. 애써 웃으며 최대한 모호하게 답했다.

"감동이라고 해서 다 믿으면 안 돼요. 틀릴 수도 있고, 검증에 검증을 거듭해야 하니까, 더 기도해보지요."

표정은 여유 있어 보이려고 하는데 말은 빨라졌다. 어떻게든 아내의 말을 막아보려 했다. 그러나 아내의 눈빛은 더욱 또렷해졌다.

"아니요, 주시는 감동이 너무 강해서 말씀드리는 거예요."

더 이상 묻지 않을 수 없었다.

"무슨 감동인데요?"

아내는 잠시 머뭇거리더니 입을 열었다.

"하나님께서 자꾸 '가장 추운 곳에 가서 사역할 수 있겠느냐' 고 하시는데 무슨 말씀일까요? 알래스카라도 가라고 하시는 걸까요?"

너무 속상해서 눈물이 차올랐다. 내 망연자실한 눈빛을 보며 아내도 금세 눈치챈 것 같았다.

"… 그런 것 같네요."

내 대답에 아내도 아무 말이 없었다. 한동안 무거운 침묵이 흘렀다. 책상 한편에 뉴질랜드 비자 관련 서류뭉치들이 올려져 있었다. 선교도 괜찮다. 부르심이 있으면 순종하는 것이 마땅 하다는 것을 머리로는 알고 있다. 그러나 왜 하필 뉴질랜드 안 식년을 고대하던 우리 부부여야 했을까? 비자도 나왔고 집 가 계약도 다 마쳤는데 이것을 모두 포기하라고 하시니 너무 속상 했다. '하나님, 조금 너무하신 거 아닌가요?' 그러나 답은 이미 정해진 듯했다. '더는 불순종할 수 없겠다.'

아내와 나는 의자에서 내려와 무릎을 꿇었다. 두 손을 맞잡 고 엉엉 소리내어 울었다. 그런데 참 감사하게도 우리의 원망

섞인 기도 가운데 주님의 임재하심이 느껴졌다. 시간이 지날수록 마음은 하나가 되고 평안이 부어졌다. 그 후 2주 동안 우리 부부는 뉴질랜드 비자를 취소하고, 계약금을 물어냈다.

。

마지막으로 붙들 소망이 있다면, 하나님께서 이 상황까지도 합력하여 선을 이루실 것이라는 믿음이었다. 풀 한 포기가 자라는 것도, 참새 한 마리가 땅에 떨어지는 것도 하나님께서 허락하지 않으시면 될 수 없으니 말이다. 이 타이밍 역시 하나님의 허락하심 아래 있고, 그 상황 가운데 주실 하나님의 메시지가 있음을 붙들었다. 모든 것에 굴복하여 나의 깊은 중심을 드릴 때 하나님은 그 가운데 임하셔서 마음을 회복시켜주셨다.

하나님의 뜻으로 인도하심을 받는 길에는 반드시 내가 버려야 할 것이 있음을 깨달았다. 그리고 내가 포기한 것 그 이상의 가치가 있는 열매를 맺게 하실 하나님의 섭리 또한 반드시 있다는 것도 알게 되었다.

2003년 겨울이었다. 그때의 결정으로 훗날 알래스카 땅에 최초의 한국 감리교회와 에스키모 선교센터가 세워지게 된다.

믿음으로 아브라함은 부르심을 받았을 때에 순종하여 장래의 유업으로 받을 땅에 나아갈새 갈 바를 알지 못하고 나아갔으며 _히 11:8

PART 3

가장 추운 곳으로, 순종

01 맡은 일에 충성하다보면

동토의 땅 알래스카 앵커리지 공항에 도착했다. 게이트를 나서 자마자 숨막히는 추위 때문에 입을 제대로 열 수 없었다. 영하 30도까지 내려가는 강추위는 난생처음이었다. 이때만 해도 알 래스카에는 내가 속한 교단의 소속교회가 하나도 없었다. 나와 아내는 원룸을 계약하고 가정교회를 세우기로 했다. 우리는 매 일 저녁 식사 후 가정예배를 드리며 이 땅을 위해 기도했다.

"주님, 저희를 이 땅에 부르신 주님의 뜻을 알게 하옵소서."

주님의 부르심에 순종하며 알래스카에 와서 살게 되었지만 우리는 특별한 사역이 없어 전도만 했다. 정해진 사역이 없으 니 시간만 가는 것 같아 조바심이 들기도 했다. 그래도 지난 아 프리카 사역을 통해 인내의 근육이 다져진 상태라서 하나님의 때에 열어주실 것을 믿고 우직하게 기다렸다. 기도하면 할수록 염려나 불안이 사라져갔다.

한 달 정도 지나자 예상하지 못한 사역이 주어졌다. 내가 근 처 작은 미국인교회에서 성가대 지휘를 맡게 된 것이다. 아무리 생각해도 기대했던 사역과는 전혀 다른 모양이었다. 놀라운 사실은 성가대 특송을 준비하기 위해 찬양을 많이 하면서 더욱 하나님을 의지하게 되었다는 것이다. 나는 찬양하는 시간이 내 생각과 마음을 하나님의 말씀에 정렬하는 아주 중요한 시간임을 깨달았다.

어느 저명한 지휘자가 멋지게 지휘를 마치자 청중들이 우레와 같은 박수를 보냈다. 그런데도 지휘자는 아무 반응 없이 우두커니 서 있었다고 한다. 그의 시선은 2층 한 곳에 고정되어 있었다. 거기에 그가 가장 존경하는 스승이 두 눈을 감은 채 앉아 있었다. 잠시 후 그의 스승이 일어나 박수를 보내자 지휘자는 그제야 입꼬리를 올리며 긴장한 표정을 풀고 기뻐하며 청중들의 환호에 허리를 숙여 감사를 표했다고 한다. 그는 존경하는 스승으로부터 인정을 받는 것이 수많은 사람들이 보내는 찬사보다 중요했던 것이다.

이 이야기를 들으면서 내 선교 인생이 마치 이 지휘자와 같다는 생각이 들었다. 나에게는 세상의 인정보다 중요한 것이 하나님께 인정받는 것이다. 스스로 보람을 느끼려고 하기보다 하나님께서 맡기셨으니 믿음으로 그 자리를 지켜나가는 것이다. 보여지는 선교의 열매와 상관없이 나의 정체성을 '주님의 선택을 받은 자', '주 안에서 축복받은 자'로 인식하는 것이다. 그렇게 맡은 일에 충성을 다하다보면 반드시 하나님의 은혜의 길이 열리게 될 것이다. 내게 하나님의 일하심을 볼 수 있는 믿음의 눈이 있느냐 없느냐의 차이일 뿐 주님은 여전히 쉬지 않고 일하신다.

여호와께서 너를 실족하지 아니하게 하시며 너를 지키시는 이가 졸지 아니하시리로다 이스라엘을 지키시는 이는 졸지도 아니하시고 주무시지도 아니하시리로다 _시 121:3-4

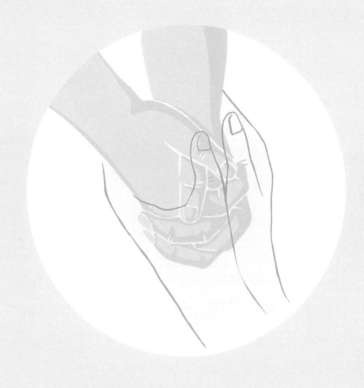

"주님, 저희를 이 땅에 부르신 주님의 뜻을 알게 하옵소서."

02 창고에서 시작된 교회 개척

알래스카 면적은 우리 땅 면적의 17배에 달하지만 인구수는 우리나라 인구에 70분의 1도 되지 않는다. 그중에 주요 도시 앵커리지에 한국인이 오천 명 정도 살고 있었다. 면적에 비해 인구수가 너무 적은 알래스카, 그마저도 내가 살던 곳은 유독 사람이 많이 살지 않는 한적한 동네여서 사람을 만나려면 시내까지 차를 타고 30분 정도 나가야 했다.

시내로 나가면 대형 백화점과 쇼핑몰이 즐비하고 건물 안에 사람들이 많았지만 한국 사람 한 명 만나기란 쉽지 않았다. 어쩌다가 한국 사람을 발견하면 너무 반가워서 일단 말부터 붙이고 싶을 정도였다. 상황이 이렇다보니 전도하러 나가도 한국인을 만나지 못하는 날이 많았다. 추운 거리를 서너 시간씩 돌다가 허탕 치고 돌아오는 날이면 하나님께 이렇게 기도하기도 했다.

"하나님, 누군가가 여기에 와서 선교를 해야 한다는 것을 잘 압니다. 그런데 왜 아프리카 선교사였던 저에게, 하필 저에게 그 사명을 주셨는지 그 이유를 보여주시기를 원합니다."

하나님께서는 이 기도에 대해 따로 말씀해주지 않으셨다. 하나님께서 때로 즉각적인 응답을 주시지 않지만, 그 사건을 통해 나의 내면을 깊이 돌아보면 하나님의 의도를 알 수 있을 때가 있다. 나는 이 기간을 통해서 무엇과도 바꿀 수 없는 것을 얻게 되었다. 그것은 바로 한 영혼을 깊이 사랑하는 마음이었다. 하나님은 매일매일 전도하면서 한 영혼을 만날 수 있다는 자체가 얼마나 소중한 일인지를 알게 하셨다. 한 영혼이 얼마나 소중한지를 내 영혼 깊은 데서부터 체득하게 하셨고, 이것은 훗날 나의 선교와 목회에 큰 자산이 되었다. 전적인 하나님의 은혜였다.

그렇게 몇 개월이 지나자 정말 예기치 않은 방법으로 한인교회를 개척하게 되었다. 한인 몇 명이 모여 교회를 개척하고 싶다고 찾아온 것이다. 그들은 나와 같은 한국 교단에서 신앙생활한 장로님과 권사님들이었다. 길이 열리더라도 기도보다 앞서지 말라는 말씀을 기억하며 나는 아내와 함께 한 달 동안 기도하며 하나님의 뜻을 물었다. 그다음 개척에 대해 확신을 주셔서 그들과 함께 개척을 준비하는 준비 기도회를 시작하였다.

기도회를 시작한 지 3주쯤 지나자 사람 한 명이 귀한 알래스카에서 청년들부터 장로님, 권사님에 이르기까지 다양한 연령

대의 성도들이 모였다. 그야말로 기적이었다. 한인들이 없는 이곳에서 어떻게 이런 일이 가능한지 생각하면 할수록 하나님의 은혜 외에는 설명할 방법이 없었다.

그때 기도하면서 받은 감동이 있었다. 하나님께서는 내가 어릴 때부터 쌓아온 기도를 필요할 때마다 적재적소에 은혜로 부어주셨다. 하나님은 하나님의 자녀의 기도를 반드시 기억하신다는 사실을 다시 한번 깨닫는 시간이었다.

이후에도 이런 일들이 계속되어 더 이상 집에서 예배를 드리기가 어려워졌다. 모이는 인원을 감당하기에 집이 너무 비좁았다. 기도하며 예배드릴 곳을 구하던 중 마침 집 근처에 빈 물류창고가 있다는 소식이 들려왔다. 감사함으로 곧장 창고 건물을 계약하고 이곳에서 주일마다 예배를 드리기 시작했다. 창고이긴 해도 예배드릴 수 있는 공간을 주신 것만으로도 기쁘고 감사했다.

그렇지만 이곳은 말 그대로 물건을 보관하는 용도로 쓰이던 창고 공간이었다. 덜덜 소리를 내며 미지근한 바람을 내뿜는 낡은 온풍기 말고는 난방 시설이 아예 없었다. 게다가 창고의 구조상 한쪽 벽이 차고 문처럼 되어 있어 구멍이 여럿 뚫려 있었다. 구멍들과 차고 문틈 사이로 영하 30도의 매서운 칼바람이 쉭쉭 소리를 내며 들어왔다. 아무리 문을 꼭꼭 닫아도 틈새로 들어오는 바람과 추위는 막을 방도가 없었다.

임시로 작은 앰프를 구매해서 마이크를 연결했다. 한 손에는 성경을, 한 손에는 마이크를 잡고 말씀을 전하고 찬양도 인도했다. 공기가 차가우면 마이크도 얼음장같이 차가워진다. 그래서 30분만 지나도 마이크 잡은 손이 시려왔다. 처음에는 맨손으로 마이크를 잡고 설교하려고 했다. 하지만 도저히 견디지 못할 것 같아 성도들에게 양해를 구하고 새벽기도회 시간에는 장갑을 낀 채로 말씀을 전하기도 했다.

비록 제대로 된 교회 건물이 아니어도 성도들은 환경에 구애받지 않고 예배를 사모하는 마음 하나만으로 새벽마다 주일마다 창고로 나왔다. 새벽은 낮시간보다 더 기온이 낮다. 그런데도 연세가 있는 장로님, 권사님들께서 새벽 5시의 추위를 뚫고 나아와 예배의 자리를 지키셨다. 예배 초반에는 춥다가도 기쁘게 뛰면서 찬양하고 뜨겁게 기도하다보면 어느새 추위는 잊고 땀이 났다. 강추위보다 더 강력한 하나님의 임재로 예배 때마다 부흥회였다.

그러던 어느 날 건물주가 나를 보자고 했다. 불현듯 걱정이 됐다. '아, 너무 큰 소리로 기도한다고 우리를 쫓아내려는 건 아닐까?' 연락을 받고 잠을 이룰 수 없었다. 그럴 때마다 아내

PART 3 가정 추운 곳으로, 순종 。

는 항상 빛의 이야기, 소망의 이야기를 전해준다.

"주님이 선하게 인도하실 거예요. 이후의 일은 다 하나님께 맡기기로 해요."

아내의 한마디가 위안이 되었다. 오후 6시쯤 되자 건물을 계약할 때 몇 번 만난 건물주가 노크하며 들어왔다. 아내가 마실 것을 묻자 그는 괜찮다고 웃어 보이고는 자리에 앉았다.

"목사님." 나는 침을 꿀꺽 삼켰다. 무슨 말을 하려는 걸까, 그의 입만 바라보았다. "저도 크리스천입니다. 그런데 이렇게 뜨겁게 기도하고 오래 기도하는 사람들은 처음 봤습니다. 비록 언어가 달라도 예배하는 모습이 참 놀랍고 감동이 됩니다."

뜻밖의 말에 너무 감사해서 눈물이 날 지경이었다. 그때 그가 한마디를 덧붙였다. "창고가 상당히 추울 텐데 특별히 온풍기를 조용하고 성능 좋은 새것으로 교체해드리겠습니다." 다시 마음이 울컥했다. 따뜻한 그의 눈빛에서 예수님의 모습이 오버랩이 되며, 마치 '상훈아, 추운 곳에서 기쁨으로 예배드린 거, 내가 다 보고 있었어'라고 말씀하시는 것 같았다.

하나님께서는 전심으로 드린 예배를 기뻐하시고 세심한 부분까지 필요에 맞게 챙겨주셨다. 환경이나 여건에 대해 불평하기보다 예배드릴 수 있음에 감사할 때 감사할 제목을 더욱 부어주시는 하나님의 사랑을 온 교인이 함께 경험할 수 있었다.

할렐루야!

하나님의 은혜로 교회는 놀랍도록 부흥했고 성도 수가 늘어나자 두 달 만에 드디어 창고에서 상가의 교회로 이전하게 되었다. 예배드려도 입김이 나오지 않고 바람이 들어오지 않는다는 것이 얼마나 감사한 일인지 모른다. 첫날 온 성도가 감격의 눈물을 흘리며 감사의 예배를 올려드렸다. 눈에 보이는 것으로 하나님의 사랑을 판단하지 않고, 그분의 선하심 자체를 굳게 믿을 때 구하지 않은 것까지 필요하다면 채우시는 주님, 그 사랑의 주님이 우리 하나님이시다.

아브라함이 그 땅 이름을 여호와 이레라 하였으므로 오늘날까지 사람들이 이르기를 여호와의 산에서 준비되리라 하더라 _창 22:14

상가 교회로 이전해 예배를 드리는 것만으로도 너무 행복했다. 이제는 설교할 때 장갑을 끼지 않아도 되니 큰 감사가 되었다. 또 새벽예배를 마치고 매일 2시간은 아무런 방해 없이 오로지 주님과 친밀한 교제를 갖는 나만의 소중한 시간이었다. 그 시간에는 생각나는 감사의 내용을 적어가며 선포하고, 감사의 기도를 30분 정도 올려드렸고, 말씀을 깊이 묵상하고 찬양을 올려드렸다. 정해진 시간에 꾸준히 매일매일 감사기도할 때 하나님은 새로운 비전을 열어주셨다. 감사기도는 분명히 하나님이 기뻐하시는 큰 능력이자 이정표이다.

어느 날 기도하는데 마음속에 오전에 예배를 한 번 더 드리면 좋겠다는 감동이 느껴졌다. 처음에는 조금 주저하는 마음도 있었다. 당시 주일예배는 오전과 오후로 드려졌고 우리 교회 출석 인원이 100명 정도였으니까 모든 교인이 예배드리기에 충분했다. 게다가 주일 아침 예배를 한 번 더 드리게 되면 여러 가지 준비해야 할 일들이 많이 생기고, 사역자들 역시 더 일찍

주일을 시작해야 한다. 그러나 아무리 기도해도 하나님께서는 계속 동일한 감동을 주셨다. 하나님의 뜻이라면 온전히 순종해야겠다는 생각에 오전 7시에 1부 예배를 만들었다.

첫 1부 예배를 드린 사람은 나와 아내, 사역자 한 명으로 총 세 명이었다. 예배를 드리면서도 사역자들 얼굴 보기가 얼마나 민망했는지 모른다. 설교 시간 내내 진땀이 날 정도였다. 하나님 말씀에 순종했지만, 막상 아무도 없으니 누구를 바라보고 설교를 해야 할지 난감하기도 했다. 그렇게 2주, 3주, 한 달이 지났는데도 세 명 외에 아무도 예배에 나오는 이가 없었다. 그래서 그만두어야 하나 갈등했지만 아내와 사역자는 불평하지 않고 담임목사가 기도하고 내린 결정을 전적으로 믿어주었다.

1부 예배가 생긴 지 5주째 되던 날, 드디어 50대 중년의 여성 한 분이 새로 오셨다. 찬양을 시작하면서부터 눈물을 훔치며 예배를 드리시더니 예배가 끝나자마자 쏜살같이 뒷문으로 나가셨다. 그래서 그 날은 만날 수가 없었다. 그리고 다음 주도, 그다음 주도 1부 예배에 나오셨다. 한 달을 혼자서 1부 예배를 드리시더니, 어느 날부터 남편이, 또 언제부터는 딸까지 데리고 나와 온 가족이 함께 1부 예배를 드렸다.

나중에 알고 보니 한국에서 미국으로 이민을 왔는데 믿었던 한국인 지인으로부터 사기를 당한 후 마음의 문이 완전히 닫힌

147

분이셨다. 영어를 잘 못하니 현지 교회에 못 가고, 한인교회에 가도 사람들과 마주치고 싶지 않았는데, 우연히 우리 교회 1부 예배를 드리게 된 것이다. 마침 사람이 아무도 없어서 마음에 들었고, 몇 주간 혼자 예배드리는 가운데 하나님께서 이분의 마음을 만지셔서 상처받은 마음을 조금씩 회복시켜주셨다.

얼마 뒤부터는 온 가족이 함께 나와 예배를 드렸고 점차 마음의 문을 여시더니 몇 년 후에는 선교회 임원까지 맡아 하나님의 충성스러운 일꾼으로 쓰임 받게 되었다. 하나님이 주신 감동에 순종하여 주님만 바라보며 포기하지 않고 예배를 열었을 때 귀한 열매가 맺어지는 은혜를 경험하였다.

。

그렇다. 순종은 중간에 멈춰서는 안 된다. 끝까지 순종하면 반드시 축복이 뒤따라온다. 보이지 않는 믿음의 세계에서 포기하지 않고, 보이는 영역에서 축복이 부어지는 시점까지 순종하면, 반드시 열매 맺게 하시는 분이 우리 하나님이시다.

성도들 또한 리더의 결정을 전적으로 신뢰해준 덕분에 순종 위에 부으시는 하나님의 영광을 경험할 수 있었다. 하나님의 선하신 계획은 어떤 상황에도 조금도 흔들리지 않고 그 일을 행하신다. 단지 상황 때문에 우리의 마음이 흔들릴 뿐이다. 비록 겨자씨만한 믿음을 가지고 있더라도 의심하지 않고 그분의 말씀에 끝까지 순종할 수만 있다면 열매는 반드시 맺어진다.

사무엘이 이르되 여호와께서 번제와 다른 제사를 그의 목소리를 청종하는 것을 좋아하심 같이 좋아하시겠나이까 순종이 제사보다 낫고 듣는 것이 숫양의 기름보다 나으니 _삼상 15:22

04 청년 부흥의 비전을 주시다

알래스카에 온 지도 어느덧 일 년이 지났다. 하지만 좀처럼 한 인 청년들을 만날 수가 없었다. '이곳은 정말 청년들이 없는 곳 인가' 하는 생각에 실망감을 감출 수 없었다. 그러다가 어느 권 사님을 통해 앵커리지주립대학교에 한인 청년들이 적지 않게 유학을 와 있다는 소식을 듣게 되었다.

우연히 듣게 된 희소식에 그 영혼들을 만나고 싶다는 사모함 이 커져갔다. 그러나 만날 수 있는 방법이 마땅히 떠오르지 않 았다. 그래서 일단 교회에 나오는 청년 두 명, 성도 두 분과 함 께 무작정 그 대학으로 향했다. 한인들을 만나기가 너무 어려 우니 어떻게든 돌파구를 찾아야겠다는 생각뿐이었다.

일주일 동안 거의 매일 그곳에 들러 식사를 하다가 마침내 한인 몇 명을 만나게 되었다. 드디어 오래 기다려온 영혼들을 만나자 가슴이 벅차올랐다. 꽤 오랜 시간 대화를 나누고 복음 을 전했다. 그러자 학생들이 꽤 솔직한 이야기를 꺼냈다.

"사실 미국까지 와서 한인교회에 나가는 건 좀 그래요."

유학생들은 한인교회를 부담스러워했다. 영어 공부도 해야
하고, 현지 생활에 적응하기도 바쁘니까 한인 커뮤니티에 나오
는 것이 쉽지 않다는 것이다. 아무리 한국에서 열심히 신앙생
활을 했던 청년도 미국으로 유학 온 후에는 신앙생활이 무너지
기 십상이었다. 나는 청년들의 대답을 들으며 속으로 계속 기
도했다. 그러다가 문득 아이디어가 떠올랐다. '새벽예배를 마
치고 학교로 와서 이 청년들과 강의실에서 기도 모임을 가지면
어떨까?' 그리고 그들에게도 넌지시 물었다.

"아침 수업 전에 강의실에 와서 같이 기도하고 그 후에 오전
수업에 들어가면 어떻겠니?"

반응이 나쁘지 않았다. 학교에서 기도 모임을 열 테니 함께
하자고 권유한 후 세 명의 학생들과 헤어졌다. 그리고 그 날부
터 우리 부부는 일주일 동안 매일 빈 강의실에서 기도를 심기
시작했다. 그런데 누군가 빈 강의실에서 기도한다는 소식을 우
연히 듣고 한 청년이 자신도 기도하고 싶다며 우리를 찾아왔
다. 그 대학교는 의대도 같이 있었는데, 그 캠퍼스에서 매주
야근하는 한인 간호사 청년이었다.

。

그렇게 우리는 대학교 빈 강의실에서 기도 모임을 시작했다.
매주 화요일, 목요일에 수업이 시작되기 전 빈 강의실에서 같

이 기도하고 내가 30분 정도 말씀을 전했다. 네 명의 학생들과 아침 큐티 묵상을 마치고 나면 청년들은 각자 오전 수업을 받으러 흩어졌다. 나는 새벽부터 기도하러 나오는 청년들이 너무 귀하게 느껴졌다. 그래서 우리 부부는 청년들을 위해 간단히 샌드위치를 만들어가기 시작했다. 그런데 기도하는 마음으로 만들어서 그런지 그 샌드위치 맛이 일품이었다. 학생들도 엄지를 치켜세우며 맛있게 샌드위치를 먹었다.

한동안 기도 모임을 이루다보니 매주 청년들이 두세 명씩 늘어나기 시작했다. 3개월쯤 지나자 앵커리지주립대학교의 학생들이 열 명 정도 모이게 되었다. 한인 청년들을 만나기 힘든 이곳에서 석 달 만에 청년 부흥이 시작된 것이다. 어느새 나의 일상은 새벽예배를 마치자마자 대학교로 달려가 청년들과 기도회를 하는 것이 되었다.

이른 아침 학교에 가면 강의실이 대부분 잠겨 있다. 나는 속으로 기도하며 수십 개의 강의실 문을 열어보았다. '주님, 제발 강의실 한 곳이라도 열리게 해주세요.' 그렇게 기도하며 네다섯 곳을 돌아다니다보면 반드시 한 곳이 열려 있었다. 그야말로 전심으로 한 영혼을 찾고 섬기기 위해 발 벗고 나섰던 시간이었다.

6개월이 흐르자 한인 청년들은 30여 명으로 부흥했다. 정말 기적적인 부흥이었다. 우리 부부는 새벽같이 기도하러 나오는 귀한 영혼들을 위해 샌드위치를 만들어서 아침 식사를 제공했다. 그때만 해도 사례비가 정말 적었지만, 우리는 종종 없는 주머니를 털어 아침 기도회를 마친 후 청년들을 햄버거집에 데려가기도 했다. 아침부터 십여 명의 청년들이 한꺼번에 햄버거집으로 들이닥치니 가게 주인이 놀란 눈으로 바라보기도 했다.

한번은 LA에서 유명한 한 선교사님을 초청하여 영성 세미나를 열었다. 한 달 동안 기도로 준비하여 그곳에 모인 인원이 무려 70여 명이었다. 아침에 잠깐 기도하고 수업이 끝나고 나서 저녁에 강의실이 다 비면 그곳에서 세미나와 기도회를 진행했다. 학교 측에서도 학생들이 많이 참석했기 때문에 딱히 모임을 막지 않았지만, 큰 소리로 기도하는 것은 역시 부담이 되었다. 그래도 모든 것을 하나님 앞에 맡기고 어느 때보다 간절히 기도했다.

비록 큰 소리로 기도하지는 못했지만, 열심히 올려드린 기도를 하나님께서 긍휼히 보셨는지 방언의 은사를 열어주셨다. 방언을 못 하던 사람이 강의실에서 기도하다가 방언을 받는 놀라운 역사가 일어났다. 한국에서 열심히 신앙생활 하다가 미국에 온 후로 신앙이 엉망이 되었던 친구들도 집회를 통해 회복의 역

153

사를 경험했다. 미국 땅에서 처음 경험하는 은혜의 시간이었다.

집회를 마치고 한 달 정도 지난 후, 강의실에서는 마음껏 기도하진 못하니까 다른 예배드릴 곳을 찾아보았다. 인근에 앵커리지온누리교회라는 작은 상가 교회가 있어 그곳에서 청년 집회를 열기로 하고, 다시 한 달 동안 합심으로 기도하고 성도들과 중보하며 열심히 예배를 준비했다.

그런데 생각지도 못한 돌발 상황이 발생했다. 집회 전날 30킬로미터 정도 떨어진 곳에서 화산이 폭발했다. 그 당시에도 며칠간 뉴스에서 집중 보도될 정도로 사태는 심각했다. 화산 폭발로 인해 공중으로 흩어진 잿더미가 수십 킬로미터 떨어진 앵커리지까지 날아와 막대한 영향을 끼쳤다. 뉴스에서도 외출을 자제하라는 소식이 연일 보도되었다. 한 달 동안 준비해온 집회를 못하게 된다고 생각하니 너무 속상했다. 하나님께 기도하면서 뜻을 묻는데 '그래도 오는 청년이 있지 않을까' 하는 생각이 들었다. 그래서 집회를 취소한다는 공지를 하지 않고 시간에 맞춰 교회에 도착했다.

그런데 그곳에 이미 15명이 와 있었다. 화산재는 미세먼지보다 훨씬 심각하기 때문에 아무도 섣불리 외출하려고 하지 않는다. 심지어 반주자, 악기팀도 오지 않았다. 현장에 코드만 잡을 줄 아는 청년이 한 명 있었다. 그렇게 모인 15명과 가졌던 집회가 아직도 기억이 난다. 세상 그 어떤 집회보다도 가장 뜨거웠다. 학생들이 무릎을 꿇고 눈물을 흘리며 기도하는데, 15명 중 방언을 할 줄 몰랐던 6명이 방언을 받는 역사가 일어났다.

하나님의 은사가 부어지고 신앙 회복의 역사도 일어났다. 피아노 하나로, 그것도 코드만 치는 반주자의 단순한 반주가 전부였다. 악기팀이 아무도 오지 못한 열악한 상황 속에서도 하나님의 임재가 부어지니 하늘 문이 열리고 성령님께서 강력하게 역사해주셨다. 모든 환경과 상황을 뛰어넘어 임하신 거센 성령님의 임재의 바람은 지금도 잊을 수 없다. 그동안 찬양할 때 악기에 의존하고 세션을 의지했다면, 그보다 더 중요한 것은 하나님만 의지하고 바라볼 때 하나님께서 역사하신다는 것이었다.

이날 열린 앵커리지온누리교회 집회를 통해 청년들은 다시 예배를 회복하기 시작했다. 알래스카에서 개척한 지는 얼마 되지 않았지만, 우리 교회가 알래스카에서 청년들이 두 번째로 많이 모이는 교회가 되었다. 앵커리지주립대학교의 빈 강의실에서 드린 새벽예배에서부터 일어난 청년 부흥의 역사였다.

사실 이 기간에 하나님께 기도할 때 부어주셨던 확실한 감동이 있었다. '상훈아, 네가 어릴 때부터 하루에 서너 시간씩 했던 그 기도를 통해서 네가 가는 곳마다 청년 부흥의 역사가 일어날 것이다.' 나는 이것을 줄곧 마음에 품고 계속해서 선포하고 선언했다. 이때의 약속은 먼 훗날 다시 한국에 돌아왔을 때 열다섯 명밖에 되지 않던 청년들이 7년 만에 재적 800명에 이르는 청년들로 부흥하는 역사로 이어졌다.

알래스카에서 주신 하나님의 약속을 놓치지 않고 10년, 15년 이상 그대로 품고 선포하고 기도할 때 하나님께서 그것을 잊지 않고 마침내 응답해주셨다. 하나님은 약속하신 것을 언젠가 반드시 주신다. 그 믿음을 가질 때 약속은 반드시 풀어지고 열린다.

믿음이 없어 하나님의 약속을 의심하지 않고 믿음으로 견고하여져서 하나님께 영광을 돌리며 _롬 4:20

05 빈대떡 권사님과 예수님

알래스카에서 목회할 때 성도님 한 분 한 분이 다 귀했지만, 특별히 유 권사님이라는 분을 잊을 수 없다. 우리 부부는 주로 오전에 심방을, 오후에 전도를 했는데, 심방할 때 항상 우리와 동행하시는 분이 계셨다. 바로 우리 교회 주일 식사 봉사를 하시는 유 권사님이다. 그 분은 70세를 바라보는 연세이지만 무슨 일을 하시든지 참 부지런하셨다.

내가 교회에 부임한 지 얼마 되지 않았을 때 권사님과 차를 타고 어디를 다녀올 일이 있었다. 내가 운전석에 앉으려고 차 문을 열자 권사님께서 다급하게 나를 가로막으셨다.

"목사님, 뒤에 타셔요."

"네? 아닙니다. 권사님, 제가 운전할게요."

"에이, 아니에요. 목사님은 아직 길도 익숙하지 않으시니, 가시는 동안만이라도 쉬면서 가셔요. 제가 운전을 더 잘합니다."

권사님은 막무가내였다. 그래도 권사님께 운전을 부탁드리는 것이 죄송하고 어색해서 뒷자리에서 몸을 꼿꼿하게 세우고 앉아 있었다. 그러자 권사님은 웃으며 "목사님은 우리 담임목사님이시니까 뒤에 타셔야 해요. 그러니까 등 붙이고 편히 쉬면서 가셔요. 운전은 제가 할게요"라고 하셨다.

이후에도 유 권사님은 내게 단 한 번도 운전대를 내주신 적이 없다. 나이와 상관없이 담임목사를 깊이 배려하시는 권사님의 모습이 예수님의 겸손하신 성품을 닮은 것 같았다.

그뿐만이 아니었다. 심방 때마다 늘 작은 쇼핑백을 들고 오시는데, 거기에는 권사님께서 손수 부쳐오신 빈대떡이 들어 있었다. 처음 성도를 심방할 때 서로 말문을 열기가 어색한 순간이 있는데, 그때마다 권사님께서 젓가락으로 빈대떡을 나누어 주시며 분위기를 풀어주셨다. 빈대떡을 나눠 먹다보면 자연스럽게 성도들의 표정이 풀린다. 마음이 닫혔던 성도들도 한 마디씩 진심 어린 말을 꺼내기 시작하고 깊은 대화로 이어지게 된다. 권사님은 힘든 내색 한번 없이 마치 심방 전담 전도사처럼 그렇게 묵묵히 심방 사역에 동행해주셨다. 그래서 별명이 빈대떡 권사님이었다.

어느 날 권사님께 전화를 걸었는데 주변이 소란했다.

"권사님, 지금 밖에 계신가봐요?"

"네, 목사님. 제가 약간 화상을 입어 병원에 왔어요."

"네? 병원이요?"

159

나는 너무 놀라 바로 병원으로 향했다. 병실로 찾아가 문을 열자 권사님은 붕대로 감긴 팔을 로봇처럼 흔들어 보였다.

"목사님! 사모님!"

한쪽 팔을 전부 붕대로 감은 것을 보니 상태가 꽤 심각해 보였다. 하지만 권사님은 집에서 다쳤다고 하시며 안심하라는 듯 웃어 보였다. 나는 어깨까지 감아올린 흰 붕대에 자꾸만 눈길이 갔다. 다행히 권사님은 몇 주 뒤 퇴원하고 통원 치료를 받는다고 하셨다.

그런데 1년쯤 지나서 나는 충격적인 사실을 알게 되었다. 권사님을 치료하신 의사 선생님을 우연히 만나 대화하다가 듣게된 소식이었다.

"무슨 교회 식당 봉사를 하다가 화상을 입으셨다면서요."

"네?"

그러니까 집이 아니라 교회에서 식사 준비를 하다가 화상을 입으셨다는 것이다. 보통 매주 토요일 오후에 여선교회 집사님들이 모여 주일 점심 식사 준비를 하는데, 그 날은 휴가철이라 식사 봉사로 모인 집사님이 아무도 없어서 권사님 혼자 80인분의 음식을 준비하셨다는 것이다. 70세 노인이 주방에서 혼자 동분서주하다가 끓는 국통을 잘못 건드려 피할 겨를도 없이 뜨거운 국이 왼쪽 어깨와 팔에 쏟아진 것이다.

"그 환자분, 심각했어요. 처음 병원에 왔을 때 뼈가 드러날 정도였으니까요. 응급 처치를 빨리했으니 망정이지 잘못하면 팔을 못 쓸 뻔했어요."

의사 선생님의 말에 나는 벙쪄서 병원을 나왔다. 집으로 돌아오는 길에 깊은 생각에 잠겼다. '권사님 혼자 그 많은 식사 준비를 하다가 심지어 다치기까지 하셨으니 얼마나 속상하셨을까.' 아무도 도와주는 이가 없던 것을 탓하지 않고 그 일을 혼자 묻어두려 하신 것이다. 그런데도 불평 한마디 없이 집에서 다쳤다고 둘러대기까지 하셨으니…. 말 못할 부끄러움에 자꾸만 고개가 떨궈졌다.

다시 권사님을 만났을 때 나는 작은 목소리로 여쭈었다.

"아니 권사님, 왜 교회에서 다친 거라고 말씀하지 않으셨어요?"

권사님은 눈을 동그랗게 뜨며 어떻게 알았느냐는 눈빛을 보내셨다. 그러더니 천사같이 웃으며 답하셨다.

"교회에서 일하다가 다쳤다고 하면 말도 많고, 무엇보다 덕이 안 되잖아요. 다른 분들에게는 끝까지 비밀로 해주세요."

나는 감사의 인사를 전하며 권사님을 위해 진하게 축복 기도를 해 드렸다. 교회의 덕을 위하여 자신의 고통을 말하지 않는 모습이 마치 예수님이 우리를 위하여 기꺼이 희생하셨던 모습과 오버랩되어 보였다. 고개가 절로 숙여지는 겸손과 배려심에 큰 감동을 받았다. 주님의 몸 된 제단을 위하여 묵묵히 헌신하신 권사님의 섬김은 내가 어떻게 목회해야 하는지 알려주신 귀한 깨달음이었다.

ㅇ

나는 알래스카교회에서 정말 많은 순종의 동역자들을 만났다. 그 섬김 덕분에 알래스카교회가 더 빨리 부흥할 수 있었다고 생각한다. 내가 한 것은 오로지 주님 앞에 무릎 꿇고 기도한 것뿐이었는데, 하나님께서 너무 귀한 동역자들을 붙여주신 것이다. 부흥은 절대 혼자서 이룰 수 있는 것이 아니다. 하나님은 기도를 통하여 적재적소에 동역자를 붙여주시고, 반드시 만남의 축복을 주신다.

모든 기도와 간구를 하되 항상 성령 안에서 기도하고 이를 위하여 깨어 구하기를 항상 힘쓰며 여러 성도를 위하여 구하라 _엡 6:18

"모든 기도와 간구를 하되 항상 성령 안에서 기도하고"

06 전적인 순종 뒤에 반드시 예비하심이 있다

교회가 부흥하면서 돌보아야 할 성도들도 많은데, 매일 노방전
도를 나가면 체력적으로 지칠 때가 있다. 가끔은 하루 종일 집
에서 혼자 쉬고 싶기도 하다. 그러나 그럴 때 내 체력이나 감정
이 아닌 하나님의 뜻대로 순종하면 오히려 힘이 생기고 간증이
뒤따라왔다.

남편이 미국인이라 미국 교회에 다니시는데 종종 우리 교회
에 나오는 집사님이 한 분 계셨다. 그러다가 남편이 세상을 떠
나고 자신도 폐암 선고를 받게 되었다. 하지만 말씀을 사모함
으로 늘 예배의 자리를 지키셨다. 어느 날 그 집사님의 요청으
로 가정을 찾아가 심방 예배를 드렸는데, 예배 후 집사님이 한
가지 부탁을 하셨다.

"목사님, 제가 말레이시아에 아는 선교사님을 통해 유치원과
교회를 짓고 이제 봉헌예배를 준비하고 있습니다. 저 대신 말
레이시아 봉헌식에 참여해주시고 설교해주셨으면 해요."

나는 군대에서 다친 허리 때문에 후유증이 만만치 않았다.

그래서 비행기를 오래 타면 허리가 끊어질 듯 아팠다. 예전에 아프리카에서 한국까지 선교 보고를 하러 이틀 내내 비행기를 타고 다녀온 적이 있는데, 몸 상태가 안 좋아서 세 시간 간격으로 진통제를 먹고 겨우 도착했다. 그날 이후 장거리 비행은 내게 큰 부담이었다. 그렇지만 어쩌면 이것이 집사님의 마지막 부탁일지도 모른다는 생각이 들었다.

"예, 알겠습니다."

∘

말레이시아로 가는 여정은 장거리 중에서도 가장 긴 비행 코스였다. 알래스카에서 시애틀로, 서울을 경유하고 방콕을 거쳐서 가야 했기 때문이다. 비행에 대한 부담으로 출발하기 전날부터 몸살감기가 찾아왔다. 나는 생각이 몸을 지배한다는 것을 깨닫고, 얼른 나의 생각을 현상이 아닌 하나님의 말씀에 정렬시키고 선포하며 기도했다. 다행히 출발 당일 아침에 열이 떨어졌지만, 아직 몸살 기운이 남아 있어서 비행기 타기가 쉽지 않았다.

3시간에 걸쳐 알래스카에서 시애틀까지 이동한 후 서울로 향하는 환승 수속을 밟았다. 대한항공 카운터로 가서 탑승권을 받으려고 하는데 나이가 좀 있어 보이는 직원이 내게 물었다.

"목사님이신가요?"

그 당시 내 얼굴은 한눈에 봐서 딱 목사님이라고 떠올려지지 않는 마른 얼굴이었다. 그래서인지 나는 화들짝 놀라 되물었다.

"아니, 그걸 어떻게 아셨어요?"

"왠지 그럴 것 같았어요. 마침 비즈니스 클래스가 하나 남는데 그것을 타고 가세요."

"네?"

나는 한 번도 본 적 없는 직원에게 대우를 받아 당황스럽기도 하고 놀라웠다. '나를 아는 분이신가? 아니면 원래 이렇게 갑작스럽게 비행기 좌석을 업그레이드 시켜주기도 하는 건가?' 좋기도 하지만 사실 어안이 벙벙했다. 그런데 지금 내 몸의 상태를 생각할 때 너무너무 감사했다. "예수님 감사합니다!"라는 말이 절로 나왔다.

컨디션이 좋지 않은 나에게 지금 가장 필요했던 최고의 선물이었다. 처음 타보는 널찍한 좌석에 팔을 걸치고 앉으니 금방 기분이 좋아졌다. 감기도 다 나은 것 같고 체력이 다시 충전되는 듯했다. 열두 시간의 장거리 비행이었지만, 그간의 비행 중 가장 편하게 쉬었던 것 같다.

긴 잠에서 깨어나 서울에 도착할 때쯤 설교 원고를 다시 살펴보려고 하는데 왼팔 소매가 축축한 느낌이 들었다. 자세히 보니 실제로 팔이 조금 젖어 있었다. 고개를 들어 살펴보니 좌석 위쪽에서 작은 물방울이 10초 정도의 간격으로 내 팔 위로 떨어지고 있었다. '비행기에서 이런 일도 있나?' 당황하여 승무원을 호출하려고 버튼을 누르려다가 멈칫했다. 바삐 움직이는 승무원을 보니 굳이 번거롭게 할 필요가 없겠다는 생각이 들었다. 서울 도착까지 고작 한 시간 남짓이고 공짜로 업그레이드 받은 좌석인데 끝까지 감사함으로 가자고 생각했다.

대신 기내식 때 받은 물컵을 물이 떨어지는 곳에 갖다 대었다. 방울방울 떨어지던 물이 한 시간 내내 모이니 비행기에서 내릴 때 쯤 제법 찰랑거리고 있었다. 컵을 좌석 아래에 잘 보이게 두고 출구로 나왔다. 방콕으로 향하는 다음 비행기까지는 아직 두 번의 환승이 남아 있었다.

。

환승 라인 쪽으로 나가려고 하다가 대한항공 인포데스크 앞에서 잠시 발길을 멈췄다. 문득 놓고 온 물컵이 떠올랐다. 마시던 물이라 여기고 물컵을 그냥 치울 수도 있다는 생각이 스치며 '내가 알리지 않으면 다음에 그 자리에 앉는 사람도 팔이 젖을 텐데, 그러다가 항공사 이미지가 떨어지기라도 하면 어쩌지.' 나는 잠시 서서 고민하다가 발길을 돌려 다시 데스크를 찾았다. 멋진 타이를 맨 승무원이 웃으며 반겨주었다.

"무엇을 도와드릴까요, 고객님?"

"네, 알려드려야 할 것 같아서요. 방금 제가 타고 온 비행기 좌석 천장에서 물이 새는 것 같아요."

"어머, 불편을 드려 죄송합니다. 고객님, 사용하셨던 좌석 탑승권을 아직 소지하고 계신가요?"

"네, 여기 있습니다."

"감사합니다, 고객님."

두 손으로 항공권을 받아든 승무원은 무전기로 다른 직원을 호출한 다음 다시 웃으며 탑승권을 돌려주었다.

"알려주셔서 감사합니다, 고객님. 즐거운 여행 되십시오."

허리 숙여 인사하는 승무원을 뒤로하고 게이트를 나오는 내 발걸음이 한결 가벼워졌다. 다음 비행기를 기다리며 게이트 앞에 앉아 있는데 갑자기 공항 안내 방송이 흘러나왔다.

"방콕행 비행기 탑승하시는 최상훈 고객님, 잠시 OO항공 프런트 앞으로 와주시기 바랍니다. 감사합니다."

처음에는 내 이름인 줄도 몰랐다. 다시 한번 스피커를 타고 쩌렁쩌렁 울리는 내 이름을 듣고 나도 모르게 자리에서 벌떡 일어났다. 나를 왜 갑자기 호출하나 의아해하며 프런트 앞으로 달려갔다. 혹시 내 짐에 무슨 문제가 있는 것이 아닌지 걱정하며 다가가는데 나를 발견한 항공사 직원이 악수할 손부터 내밀며 성큼 다가왔다.

"최상훈 고객님 맞으시죠? ○○항공 매니저입니다."

"예, 안녕하세요. 그런데 무슨 일이 있나요?"

"직원에게 들었습니다. 시애틀에서 오시는 동안 불편하게 해 드린 점, 대단히 죄송합니다."

다행히 짐 문제가 아니었다. 안도의 미소가 번졌다.

"아닙니다. 괜찮습니다."

"이것 받으시죠."

그가 왼손에 들고 있던 탑승권을 내밀었다. 탑승권에 쓰인 'Business class'라는 글자가 눈에 들어왔다.

"편안한 여행길 되시기를 바랍니다."

우연이라고 하기 어려운 일을 연거푸 겪다니, 엉겁결에 받아든 표를 뚫어져라 보는데 마음이 뭉클했다.

'내가 뭐라고 하나님께서 이렇게까지 나를 편하게 선교지까지 인도해주실까!'

장시간 비행을 마친 후 곧바로 봉헌식을 인도해야 하는 빠듯한 일정이었지만, 도리어 비행을 통해 체력이 회복되었고 덕분에 설교도 잘 마치고 알래스카로 복귀할 수 있었다.

。

여건이나 환경으로 판단하지 않고 사명을 위해 묵묵히 순종하면 그 이후는 하나님께서 인도하신다. 잠시 감당해야 할 순종의 무게보다 이후 주실 축복이 더 큰 것을 알게 된 이후로 하나님을 향한 절대 순종이 더 굳건해졌다. 신실하신 하나님 아버지께서 나의 앞길을 세세히 준비하시니 무엇이 부족할까. 절대 순종 뒤에는 반드시 하나님의 예비하심이 있다.

만일 그들이 순종하여 섬기면 형통한 날을 보내며 즐거운 해를 지낼 것이요 _욥 36:11

PART 3 가장 추운 곳으로, 순종。

'교회학교를 담당할 사역자가 필요한데 방법이 없을까.' 교회에 어린이들이 늘어날수록 교회학교를 담당할 사역자가 절실히 필요했다. 그러나 알래스카에서 교회학교를 담당할 젊은 사역자를 초빙한다는 것은 하늘의 별따기만큼 어려웠다. 더구나 아직 개척교회인 형편에 월세를 부담하고 나서 사역자까지 초빙하기에 재정적인 부담도 컸다.

"하나님, 가장 적합한 사역자를 보내주세요."

아내와 함께 21일 작정 기도에 돌입했다. 내가 할 줄 아는 것은 여전히 기도밖에 없었다. 매일 두세 시간씩 사역자를 보내주시도록 기도했다. 기도하면 가장 좋은 방법을 떠오르게 하시고, 지혜를 주시는 하나님이심을 이미 아프리카 선교를 통해 경험해왔다. 설령 지금 이루어주시지 않아도 기도는 하나님께 기억되고 주의 병에 담기고 쌓여 반드시 응답으로 나타나게 될 것을 굳게 믿었다.

하루는 기도하는데 한 자매가 떠올랐다. 내가 한국에서 중고

등부 담당 사역자로 있을 때 학생회장과 기도대장으로 섬겼던 자매였다. 이 자매는 아이들을 좋아해서 전공도 유아교육과를 선택했고, 아프리카 선교사 시절에도 3년간 모은 결혼 적금을 아프리카 보육원 건축헌금으로 드릴 만큼 신실한 자매라 한국을 떠난 후에도 종종 생각났던 청년이었다.

'혹시 이 자매가 주님이 준비하신 사역자이려나?' 그래도 21 일간 끝까지 기도에만 집중했다. 그러나 이 자매 말고는 떠오르는 사람이 없었다. 21일 기도를 꽉 채워 드린 후, 자매의 연락처를 수소문하여 직접 한국으로 전화를 걸었다.

"여보세요?"

자매는 명랑한 목소리로 전화를 받았다.

"잘 지냈니? 최상훈 목사님이야."

"목사님! 잘 지내셨어요?"

자매의 활기찬 목소리가 수화기를 뚫고 들려왔다. 근황을 물으니 강남의 좋은 직장에 취직해 한참 바쁘게 지낸다고 했다. 반가움도 잠시 나는 한참 뜸을 들이다가 질끈 눈을 감고 운을 띄웠다.

"혹시 육 개월 정도 알래스카에 와서 봉사할 수 있겠니…?"

당시에는 관광비자로도 6개월까지 체류할 수 있었다.

"네? 알래스카요?"

자매는 놀란 듯 잠시 침묵했지만 여전히 밝은 목소리로 대답했다.

"음…. 목사님, 일주일 동안 기도해보고 다시 말씀드려도 될까요?"

전화를 끊고 나서 마음이 더 복잡해졌다. 하나님께서 떠오르게 하셔서 말을 꺼내긴 했는데, 한참 사회에서 직장을 다니며 잘 지내는 청년을 데려오는 게 맞나 싶었다. 괜히 자매의 마음에 부담을 준 것 같았다. 그러나 하나님의 일하심은 늘 내 생각보다 더 원대했다. 그렇기 때문에 하나님께서 이런 것까지도 이미 준비하셨음을 믿고, 실수가 없으신 하나님께 모두 맡겨드리기로 결심하고 계속 기도하며 자매의 연락을 기다렸다. 그로부터 나흘쯤 지났을 때 전화가 왔다. 자매는 여전히 명랑한 목소리였다.

"목사님, 목사님께서 전화 주실 정도면 이미 충분히 기도하셨을 테고, 타이밍에 맞는 순종을 하는 것이 값진 것 같습니다. 이번 달 내로 퇴사하고 다음 달에 바로 가겠습니다."

나는 아무 생각도 나지 않고 그저 눈물만 났다. 하나님을 신뢰하고 믿음으로 수락한 자매에게 진심으로 고마웠다. 자매는 마지막에 농담 반 진담 반으로 유쾌하게 말했다.

"직장이야 나중에 하나님께서 더 좋은 것으로 책임져주시겠죠?"

자매가 직장을 정리하고 알래스카로 올 준비를 하는 동안, 나와 아내는 집을 수소문했다. 그러나 안타깝게도 우리의 사정에 맞는 집을 구하기는 어려웠다. 깨끗하고 안전하다 싶으면 큰 액수의 돈을 지불해야 했다.

그 자매는 아내와도 잘 알았다. 아내는 일단 우리 집에서라도 지내게 하는 것이 어떠냐고 했는데, 자매가 불편해하지 않을까 걱정스러웠다. 그러는 사이에 자매가 알래스카에 도착했다. 알래스카에 첫발을 디딘 자매는 모든 것이 신나고 새로웠던 것 같다. 다행히 사택의 작은 방조차 좋아해주었다. 하지만 나는 미안한 마음을 감출 수 없었다. 자매는 씩씩하게 6개월을 우리 부부와 함께 생활했다. 도리어 밝은 미소와 감사가 넘치는 말들로 우리 부부에게 사역으로도, 영적으로도 큰 위로와 힘이 되어주었다.

°

그리고 20년 뒤 그 자매는 지금 화양교회의 청년 담당 목사로 사역하고 있다. 하나님께서는 20년 전부터 우리 가정과 이 자매를 통해 청년 부흥의 큰 그림을 그려주시며 목회의 호흡을 맞춰가도록 하신 것이다. 덕분에 내가 처음 부임할 때 15명밖에 되지 않았던 청년부가 재적 800명이 넘는 청년교회가 되기까지 이 자매가 결정적인 역할을 하게 하셨다.

알래스카에서 내가 구했던 기도 제목은 '알래스카에서 교회학교 사역에 필요한 사역자'였다. 그러나 하나님께서는 그 기도의 응답으로 나의 시선 너머 더 큰 그림을 계획하셨고, 지금도 아직 끝나지 않은 하나님의 역사를 이루어가고 계신다. 우리가 구하는 것보다 더 좋은 것을 계획하시고 쏟아 부으시는 하나님, 이것이 절대 쏟아지지 않는 '주의 병'에 기도가 담길 때 나타나는 역사이다.

우리 가운데서 역사하시는 능력대로 우리가 구하거나 생각하는 모든 것에 더 넘치도록 능히 하실 이에게 _엡 3:20

PART 3 가장 추운 곳으로, 순종。

177

08 순종했는데 왜 이런 일이 일어나는 건가요?

아내가 창문을 활짝 열자 영하 30도의 칼바람이 집안으로 매섭게 파고들었다. 차가운 공기에 놀란 4살, 2살 된 두 아들이 이불 속으로 들어가 몸을 웅크렸다. 나는 아이들이 있는 곳을 요리조리 피해 가며 청소기를 돌렸다.

그날은 오랜만에 우리 집에 귀한 손님이 오시는 날이었다. 아내는 아침부터 요리하느라 바쁘고, 나는 아이들을 씻긴 후 집안을 청소하느라 분주했다. 준비를 마치자 마침 손님들이 도착했다. 우리 부부가 손님을 대접하며 대화를 나누는 동안 아이들은 2층 방에서 놀고 있었다. 아내와 나는 번갈아 가며 2층에 올라가 아이들이 잘 있는지 확인했고 다시 내려와 즐겁게 모임을 이어갔다. 한참 티타임을 즐기다보니 어느새 해가 지고 있었다.

"이제 가야겠네요. 초대해주셔서 감사합니다, 목사님."

"아니에요. 언제든 또 오세요. 다음에 더 맛있는 것으로 대접하겠습니다."

우리 부부는 노을을 뒤로 하고 손님들을 배웅하러 밖으로 나
갔다. 그때 2층 창가에서 아이들의 목소리가 들려왔다.

"아빠, 엄마!"

뒤를 돌아보니 작은 창문에서 아이들이 힘껏 손을 흔드는 모
습이 보였다. 아직 말을 할 줄 모르는 둘째는 팔만 허우적대는
것 같았다.

"그래, 아빠 이제 갈게!"

그리고 다시 손님과 대화를 이어갔다. 그런데 아이들의 목소
리와 함께 무언가 내리치는 소리가 들려왔다.

"하하, 아이들이 얼른 오라고 하네요. 들어가보세요, 목사님."

"네, 그럼 다음에⋯."

인사를 마치려는 순간 뒤에서 '쿵' 하는 소리가 나면서 방충
망이 떨어졌다. 동시에 있을 수 없는 일이 벌어졌다. 아이들이
창문 밖으로 매달려 있는 게 아닌가. 나는 정신이 아찔했다.
황급히 2층으로 뛰어 올라갔다.

첫째 아이가 창문 바로 아래 난간에 아슬아슬하게 매달려 있
는데, 쇠로 된 난간을 잡고 있는 오른팔이 파들파들 떨리고 있
었다. 나는 창문 너머로 손을 뻗어 있는 힘을 다해 아이들을 끌
어당겼다. 그리고 첫째 아들을 기적적으로 거실로 끌어내었
다. 그러나 둘째 아들은 그대로 1층으로 떨어지고 말았다. 아

179

직 너무 어려서 더 이상 난간을 붙잡을 힘이 없던 둘째 아이는 방충망과 함께 떨어지며 콘크리트 바닥에 머리를 부딪혔다. 아내는 둘째 아이를 부둥켜안고 울음을 터트렸다.

°

우리는 바로 둘째 아이를 둘러업고 차에 태워 병원으로 달려갔다. 운전대를 잡은 손이 자꾸 미끄러졌다. 주체할 수 없는 눈물이 시야를 가렸다. 억장이 무너지는 것 같았다. 병원에 도착하자마자 급히 검사를 받았다.

"아이가 의식이 없습니다. 일단 입원하고 경과를 지켜봐야 할 것 같습니다."

중환자실로 들어간 아이의 몸에 여러 개의 주삿바늘이 꽂혔고 코와 입에 산소호흡기가 씌워졌다. '아! 주님, 살려주세요. 제발 살려주세요!' 눈물이 비 오듯 흘러내렸다. 언제 저 눈을 뜰까, 언제 다시 목소리를 들을 수 있을까, 한시도 자리를 비울 수 없었다.

"목사님, 일단 새벽예배에 다녀오세요. 제가 여기 있을게요."

울다 목이 쉰 아내가 말했다.

"알겠어요. 쉬고 있어요. 눈도 좀 붙이고."

나는 아이의 옷을 쥐고 강단 앞에 무릎을 꿇었다. 도저히 믿을 수 없었다.

"하나님…."

그 어떤 말도 나오지 않았다. 겨우 입을 열었다. 무심코 나온 기도였다.

"하나님. 저희가 원래 안식년으로 뉴질랜드에 가려고 했는데, 하나님께서 여기 오라고 하셔서 왔잖아요. 하나님께서 명령하셔서 이곳에 순종하며 왔는데, 왜 이런 일이 생길까요? 제발 유빈이를 살려주세요. 주님, 유빈이를 살려주세요…."

입술이 파르르 떨려왔다. 움켜쥔 아이의 옷 위로 눈물이 떨어졌다.

"주님, 제발 유빈이가 이 옷을 다시 입을 수 있도록 하나님, 기회를 주세요."

악몽 같은 삼일 밤이 지났다. 아이는 끝내 깨어나지 못했고 나와 아내가 보는 앞에서 하늘나라로 떠났다. 아내도 울고 달래던 나도 울었다. 우리 부부는 큰 절망에 빠졌다. 지난 7년 동안 아프리카에서 풍토병에 걸려 가며 헌신했던 것, 1년의 안식년까지 포기하고 쉴 틈 없이 알래스카로 건너와 선교 사역에 순종했던 일들이 생각났다. 그저 말씀을 따라서, 하나님만 믿고 여기까지 왔는데, 이제 겨우 18개월 된 아이가 하늘나라로 가고 말았다.

'이런 마음으로 어떻게 더 목회할 수 있을까? 더는 힘이 없다….'

○

아이의 장례를 마치고 난 뒤 우리 부부는 교회의 배려로 2주 동안 LA에 머물렀다. 날씨는 야속할 정도로 화창했다. 아름다운 경치, 푸르른 하늘, 하지만 그런 것들이 하나도 눈에 들어오지 않았다. 아내는 아무 말도 하지 않았다. 숙소까지 달리는 차 안에는 정적만 흘렀다. 한참을 울다 지쳐 잠이 든 아내를 숙소에 남겨두고 나 혼자 밖으로 나왔다. 발길 가는 대로 터벅터벅 걸었다.

얼마나 걸었을까. 고개를 들어보니 작은 미국 교회 하나가 나왔다. 매우 낡고 오래된 교회였다. 문을 살짝 밀자 끼익 소리를 내며 문이 열렸다. 아무도 없이 조명 꺼진 예배당이 나왔다. 나는 맨 뒷자리에 조용히 앉았다. 또 눈물이 났다.

"하나님, 마음이 너무 아파요. 가슴이 막힐 정도로 너무 아파요."

이미 기운이 빠질 대로 빠진 나는 슬픔에 지쳐 팔을 감싸고 엎드렸다. 아무도 없는 공간에서 시간마저 멈춘 듯 나는 엉엉 울었다. 그때 나지막한 음성이 들렸다.

"상훈아."

갑자기 마음 한구석에서 평안하고 따스한 것이 느껴졌다. 그 어두운 예배당 안에 한 줄기 빛과 같은 스포트라이트가 나를 비추는 것 같았다. 그 빛과 함께 따뜻한 음성이 마음 가운데서 들려왔다.

"상훈아, 마음이 많이 아프지. 내가 너를 위해 아들을 잃었을 때 나도 그렇게 마음이 아팠단다. 너무 슬퍼하지 마. 너의 사랑하는 아들 유빈이가 내 옆에 있단다."

눈앞에 환상 같은 것이 보였다. 광채에 둘러싸인 예수님이 서 계셨고, 그 오른편에 새하얀 옷을 입은 한 아이가 예수님의 손을 잡고 서 있었다. 나를 향해 밝게 웃으며 손을 흔들고 있는 나의 아들, 유빈이였다.

"아빠, 걱정하지 마. 나는 여기 편하게 잘 있어. 엄마랑 아빠가 올 동안 여기서 아빠를 응원하고 기다릴 거예요."

'우리 아들 목소리가 이랬구나.' 처음 들어보는 또렷한 말소리에 감격의 눈물이 흘렀다. 그 순간 하나님께서는 세상이 줄 수 없는 평안으로 나의 헛헛한 마음을 채워주셨다. 나는 정적만 흐르는 빈 교회에서 조용히 찬양을 부르며 나의 고백을 담아냈다.

약할 때 강함 되시네 나의 보배가 되신 주 주 나의 모든 것
쓰러진 나를 세우고 나의 빈 잔을 채우네 주 나의 모든 것
예수 어린 양 존귀한 이름 예수 어린 양 존귀한 이름

목 끝까지 맺힌 슬픔의 멍울들이 하나둘 씻겨 내려가는 것
같았다. 죽을 때까지 치유되지 않을 것 같았던 절절한 슬픔과
괴로움이 조금씩 빛으로, 평안으로 바뀌어갔다. 하나님께서는
다시 한번 강한 음성으로 마음 가운데 말씀하셨다.
"이제부터 네 손이 닿는 곳마다, 가는 곳마다 나의 영광이 드
러날 거야."

이때 나는 하나님의 마음처럼 '한 영혼을 사랑하는 주님의
마음'을 받게 되었다. 추상적으로 공감하는 수준이 아닌, 진심
으로 마음이 하나가 되는 기적을 경험하기 시작했다. 이때부터
어떤 성도님이 어딘가 아프면 나도 같은 곳에 통증을 느끼게
되었다. 아픈 정도가 너무 심해 진통제를 먹을 정도이다. 성도
의 고통과 슬픔 등 기도하는 제목들이 내게도 고스란히 전달되
었다. 마치 살갗을 통하여 느끼게 해주시는 것 같았다.
'어쩌면 나를 향하신 하나님의 마음도 이렇지 않을까? 똑같
이 아파하고 똑같이 슬퍼하시는 그 사랑의 주인공이 내가 아닐

까?' 주님의 사랑은 묵상할 때마다 마음이 절절하다. 그 하나님의 마음이 부어지니 내 힘으로 할 수 없는 사랑을 하게 되고 내가 품지 못할 영혼들을 품게 되었다.

얼마나 기도했을까. 1시간 정도 기도를 마친 후, 한결 나아진 마음으로 교회를 나왔다. 그리고 다시 숙소로 향했다. 문을 열자 잠에서 깨어 창가에 웅크려 앉아 있는 아내가 보였다. 퉁퉁 부은 눈으로 먼 곳을 응시하는 아내에게 조용히 다가가 손을 잡아주었다. 나는 아내와 눈을 맞추며 하나님께서 보여주신 환상과 들려주신 응답들을 조곤조곤 말해주었다. 아내는 내 이야기를 들으며 눈물을 흘렸고 죽은 아이를 가슴에 고이 품기로 했다.

"주님, 오직 주님만 바라보겠습니다. 우리에게 힘과 위로를 더해주시고, 조각난 마음을 회복시켜주세요."

우리가 손을 맞잡고 함께 기도할 때, 그 공간에 함께하시는 성령님의 임재를 뜨겁게 느낄 수 있었다. 우리 가정은 다시 일어났다. 나는 마음을 추스르고 목회의 현장에 복귀했다. 그때부터 성도들을 위해 기도할 때 주님의 사랑하는 마음이 부어졌고, 그 마음으로 기도할 때마다 곳곳에서 치유의 역사가 일어나기 시작했다. 그로 인해 영혼이 주님께로 돌아와 회복되고 교회가 부흥하는 역사가 있었다. 하나님께서 나를 치유와 회복의 도구로 사용하기 시작하신 것이다. 하나님의 일하심은 늘 내 생각의 범위를 뛰어넘으셨다.

。

그로부터 몇 달 후, 하나님께서는 우리 부부가 원했던 깜짝 선물을 보내주셨다. 귀여운 아이를 허락하신 것이다. 하나님의 선물같이 찾아온 아이라는 뜻에서 이름도 '매튜'라고 지었다. 하나님께서 주신 새 아이를 통해 우리 가정의 상처도 놀랍게 치유되어갔다. 우리 가정을 긍휼히 여기고 돌보시는 하나님의 은혜였다.

살다보면 기도했는데도 슬픈 일이, 순종했는데도 너무 가슴 아픈 일이 벌어질 때가 있다. 이해되지 않는 일들에 대해 답답한 물음표를 던지며 살아가는 순간이 온다. 그러나 그 순간에도 하나님은 분명 살아계신다. 하나님이 내 기도를 듣고 계신다. 하나님이 내 기도를 기뻐하신다. 그렇기 때문에 어떤 상황에서도 기도의 줄을 놓지 않았다.

기도할 때 하나님께서는 놀라운 역사를 통해 반전을 주신다. 약한 마음 가운데 임하셔서 회복시켜주신다. 사람은 약하지만 강함 되시는 하나님이 계시기 때문에 나는 결국 안전하다. 그 결론에 이르렀다.

하나님의 사랑이 우리에게 이렇게 나타난 바 되었으니 하나님이 자기

의 독생자를 세상에 보내심은 그로 말미암아 우리를 살리려 하심이라

_요일 4:9

2주 만이었다. 아이의 침대, 장난감, 옷가지 등을 천천히 정리했다. 사실 LA에서 돌아오면서 '아이와의 추억이 담긴 그 집으로, 그 교회에 다시 돌아갈 수 있을까?' 자신이 없었다. 아직 무뎌지지 않았는데, 아니 어쩌면 평생 무뎌지지 않을지도 모르는 마음으로 다시 일상에 돌아갈 자신이 없었다.

그러나 기도의 자리에서 우리의 마음은 오직 하나였다. '온전한 순종' 알래스카 선교를 작정했던 7년 중 아직 3년이 남아 있었다. 처음 뉴질랜드 안식년을 포기했을 때, 우리가 드렸던 마음은 끝까지 드리는 온전한 순종이었다. 그래서 우리는 다시 교회로 돌아왔다. 다시 예배를 인도하고 말씀을 전했다. 성도들 역시 처음에 걱정했지만 진심을 알고 더 사모하는 마음으로 예배에 임했다.

무엇보다 나를 위해 많이 중보해주었다. 귀한 성도들과 동역자들 덕분에 다시 일상을 되찾으며 알래스카교회는 날로 부흥해갔다. 예배당에 자리가 점점 모자랐다. 보조의자를 가져와 앉아도 자리가 모자랄 때는 사역자들이 서서 예배를 드렸다.

"목사님, 저희도 성전 건축하고 싶어요."

어느 날 성도님의 한 마디에 나는 화들짝 놀랐다. '내가 성전 건축 기도를 하고 있다는 걸 어떻게 아셨지.' 이제는 다 같이 기도를 시작하라는 하나님의 사인 같았다. 그래서 성전 건축을 위한 40일 작정 기도를 시작하게 되었다.

공식적으로 기도를 시작하자 온통 교회 주변 건물 또는 토지 매물 이야기밖에 관심이 없었다. 마침 교회 옆에 큰 가구 공장에서도 소식이 들려왔다. 아침마다 많은 직원이 왕래하며 출퇴근하는 아주 큰 공장이었는데, 그 공장이 건물을 내놓았다는 것이다. 혹시나 하는 마음이 있었지만 이내 고개를 내저었다.

'그 넓은 공장을 매입하려면 우리 교회 재정으로는 어림없겠지.' 아니나 다를까 한 성도님을 통해 우연히 듣게 된 매입가는 입이 떡 벌어질 가격이었다. 교회의 재정뿐만 아니라 가능한 대출까지 모두 받아도 충당할 수 없는 금액이었다. 미국은 신용을 철저히 따지기 때문에 대출 절차가 매우 복잡하고 까다롭다. 어찌어찌하여 대출이 승인된다 해도 턱없이 부족한데다가 그 당시 미국의 모든 은행 대출 또한 불가한 상태였다.

그러던 어느 날, 처음 보는 청년이 우리 교회에 등록했다. 근처 가게에서 아르바이트를 한다는 청년은 등록하자마자 건축 헌금 작정서에 무려 20만 달러를 써냈다. 이 정도 액수면 건물 계약에 필요한 계약금을 거뜬히 충당할 수 있을 것 같았다. 장로님들과 모든 사역자는 깜짝 놀라 그 청년을 따로 불렀다.

"이 작정서를 형제가 직접 쓴 거 맞나요? 이 작정서에 쓰인 금액대로 건축헌금을 드리겠다는 뜻인가요?"

"네 맞아요. 건축헌금으로 곧 이 금액을 드릴 거예요."

청년은 확신에 찬 표정을 지어 보였다. 사역자실에 모인 이들은 흥분된 표정을 감추지 못했다. 나 또한 호언장담하는 청년의 대답을 듣자 뛸 듯이 기뻤다. '주님 감사합니다!'

그러나 문제는 그 후로 나를 포함한 교인들이 안일함에 빠졌다는 것이다. 성전을 찾는 성도들의 발길이 급격하게 줄어들었고, 끊이지 않던 기도 소리도 잠잠해졌다. 성도들 사이에 청년의 작정서 이야기가 돌면서 모두가 이미 성전을 매입한 것처럼 들뜨기 시작했다. 하나님께 간절히 구하던 눈물의 기도 대신 청년이 언제쯤 헌금을 낼 것인가에만 주목하고 있었다. 그런데 작정서를 냈던 청년은 2주가 지나도, 한 달이 지나도 아무런 소식이 없었다. 차마 청년에게 묻지 못하고 발만 동동 구를 때 나를 위해 중보기도하는 한국의 기도팀에서 메일이 왔다.

"목사님, 안녕하세요. 2주 전 기도할 때 하나님께서 마음에 감동을 주셔서 메일을 드립니다. 알래스카교회를 위해 기도하는데 하나님의 일하심을 방해하는 '거짓의 영'이라는 단어와 함께 사탄의 이미지가 떠올랐습니다. 목사님께도 기도를 요청해야 할 것 같아 이렇게 알려드립니다."

나는 메일을 읽는 순간 정신이 번쩍 들었다. 하나님께서 오죽 급하셨으면 한국의 기도팀을 통해 이것을 알리셨을까. 치우친 내 중심을 들켜버린 것 같아 부끄러우면서 더 늦기 전에 깨닫게 하신 하나님께 감사했다.

이때 깨달은 사실은 성전 건축의 역사는 사람의 손이 아닌 기도하는 무릎에서 시작되는 것이었다. 사탄의 전략은 교묘했다. 공동체가 기도로 똘똘 뭉쳐 있으면 외부의 사람을 침투시켜서라도 분열을 일으키려 했다. 사탄의 방해 공작에 휘둘리니 남은 것은 주님으로부터 오지 않은 불안과 초조함뿐이었다.

"주님, 하나님만 온전히 의지하지 않고 사람을 의지했음을 회개합니다. 이제라도 오직 주님만 붙들겠습니다."

청년은 어느덧 보이지 않았고, 마지막으로 들려온 것은 그가 알래스카를 떠났다는 소식이었다. 이 사건을 통해 깨달은 것은 의지할 분은 오직 예수님밖에 없다는 사실이다. 문제가 풀리든지 풀리지 않든지, 끝까지 의지할 분은 오직 주님이시다.

귀인들을 의지하지 말며 도울 힘이 없는 인생도 의지하지 말지니 _시 146:3

10 하나님의 손으로 세우신 알래스카교회

여전히 대출이 막히고 무엇 하나 보장된 것이 없는 상황이었
다. 그러나 이전과 다른 점이 있다면, 상황을 바라보는 나와
성도들의 마음이었다. 20만 달러 작정서보다, 대출이 불가능
한 현실보다 위대하신 하나님을 의지할 때 이전에 얽매였던 초
조하고 불안한 마음이 사라지고 평안과 담대함이 부어졌다. 상
황을 뛰어넘으시는 하나님을 믿고, 그 믿음 위에 쌓아가는 기
도는 이전보다 더 강력하게 느껴졌다.

우리 교회는 다시 한번 성전 건축을 위한 릴레이 기도를 작
정했다. 각자 시간을 정하여 온 교인이 쉬지 않고 기도의 호흡
을 이어갔다. 그리고 릴레이 기도를 마칠 때쯤, 하나님의 은혜
로 미국 본토와 알래스카가 연결되면서 알래스카 거주민의 자
격으로도 뉴욕 은행에서 대출이 가능하게 되는 놀라운 역사가
일어났다. 대출이 승인된 이후로 일이 빠르게 진행되었다. 교
회 옆 가구 공장 건물을 실제로 매입하게 되었고 성전 부지의
기틀을 확립하게 된 것이다.

감정적으로나 이성적으로는 안 될 것처럼 보일 때가 있다. 상황이 그렇더라도 모든 생각을 내려놓고 오직 믿음으로 나아갈 때 하나님은 그 견고한 믿음 위에서 마음껏 일하신다.

"믿음이 없어 하나님의 약속을 의심하지 않고 믿음으로 견고하여져서 하나님께 영광을 돌리며"(롬 4:20).

이제 마지막 숙제만이 남아 있었다. 미국은 인건비가 비싸 리모델링에도 비용이 꽤 높게 책정된다. 하지만 있는 돈을 모두 끌어모아 건물 계약금에 쏟아부었기 때문에 리모델링으로 쓸 돈은 거의 남아 있지 않았다. 그러나 여기까지 인도하신 하나님께서 이후로도 인도하실 것을 믿으며 다 함께 리모델링을 위한 기도에 돌입했다. 언제나 우리가 할 것은 우리가 할 수 있는 무언가를 찾아 나서는 것이 아니라, 기도의 무릎으로 주님 앞에 매달리는 것뿐이다.

"주님의 도우심이 없이는 성전을 세울 수 없습니다. 여기까지 인도하신 주님, 도와주세요."

그리고 기도한 지 한 달 정도 지났을 때, 한국에서 연락이 왔다. 내가 전도사 시절, 가르쳤던 한 자매였다.

"목사님, 회사에서 1명밖에 보내지 않는 해외 연수에 갈 기회를 보장받았습니다. 기도하는데 하나님께서 알래스카에 가라는 감동을 주셔서 연락드렸습니다."

실내디자인을 전공한 자매는 디자인 회사에서 실장으로 일하고 있었다. 우연한 기회로 내가 알래스카에서 선교사가 되었다는 소식을 전해 듣고, 직접 연락처를 알아내어 내게 전화한 것이었다. 자매가 출국을 준비하는 동안 메일을 주고받으며 대략적인 디자인을 의논했고, 자매가 알래스카로 온 이후부터 본격적인 리모델링 작업에 들어갔다.

°

건물 매입부터 리모델링까지, 단 하나도 하나님의 손길이 닿지 않은 순간이 없었다. 하나님은 어떤 과정의 퍼즐도 버리지 않고 모두 사용하여 아름다운 큰 그림을 만들어가셨고, 주님의 선하심 안에서 알래스카의 첫 한국 감리교회와 에스키모 선교센터가 아름답게 세워질 수 있었다.

내가 알래스카를 떠난 후에도 하나님께서는 이곳을 주님의 처소로 사용해주셨다. 2018년 5월에는 미국의 전체 감리교단이 모이는 미주 자치 연회를 이곳 알래스카교회에서 개최하기도 했다. 하나님의 손길이 곳곳에 묻어나는 아름다운 성전이기에, 지금까지도 또 앞으로도 하나님께서 거룩한 당신의 처소로 사용하실 줄 믿는다.

너희에게 인내가 필요함은 너희가 하나님의 뜻을 행한 후에 약속하신

것을 받기 위함이라 _히 10:36

----

11 새로운 약속, 순종의 발걸음

"우리가 여기 온 지도 벌써 5년이나 되었네요. 교회가 어느 정도 성장했으니 이제는 좀 더 살기 좋은 캘리포니아로 내려갑시다. 아이들이 영하의 추위 때문에 나가서 뛰어놀지 못하는 모습을 이제 더는 못 보겠어요."

알래스카에 온 지 5년 정도 지났을 때 내가 아내에게 했던 말이다. 만약 그때 캘리포니아로 내려갔으면 어떻게 되었을까? 물론 그렇더라도 하나님은 하나님의 일을 이루어 가셨겠지만, 아름다운 성전을 보며 하나님께 감사드리는 특권이 나에게 돌아오지 않았을 수도 있다. 그때의 고비를 넘어 7년의 사역을 온전히 마무리했기 때문에 마침내 감격스러운 입당을 허락해주신 것이다.

특별히 성도님들께서 나를 위해 마음을 모아 목양실 리모델링에도 동참해주셨다. 아름다워진 목양실과 성전을 보며 한껏 기대에 부풀어 있었다. 그런데 성전이 완공되기 며칠 전 어느 날 새벽, 하나님께서 나를 부르셨다. 마치 알래스카로 나를 부르시던 그때처럼 세미하지만 선명했다.

"상훈아."

"네, 주님."

무게 있는 호명에 절로 긴장이 되었다.

"이제는 나의 때가 다 되었으니 이곳을 떠나 내가 지시하는 땅으로 가지 않겠니?"

아쉬움이 컸다. 이제야 제대로 된 성전을 건축했다 싶었는데, 무엇보다 한참 믿음이 자라나고 있는 성도들 한 명 한 명이 마음에 걸렸다. 그러나 나의 모든 생각보다 크신 하나님께서 이번에도 인도하실 것을 굳게 믿었다. 집에 가서 성경을 읽고 있던 아내에게 말했다.

"여보, 이제 우리 다른 곳으로 가야 할 것 같아요."

"네? 목사님, 그게 무슨 말이에요?"

놀란 아내에게 새벽에 들은 음성들을 전해주었다. 아내의 얼굴에도 아쉬움이 가득했다. 그러나 결단한 듯 다시 말했다.

"그래요. 하나님은 늘 우리 생각보다 크셨잖아요."

나도 '그쵸'라는 말이 입가에 맴돌았다. 한 달 후, 고대하던 입당예배 날이었다. 성도들은 다들 기쁨에 차 있었다. 아름답게 지어진 성전 안에서 우리는 한마음으로 하나님께 영광을 올려드렸다. 모든 예배 순서가 끝나고 광고 시간이 되었다. 어떻

게 이 소식을 전해야 할지 막막했다. '주님, 지혜를 주세요. 아무도 실족하지 않게 해주세요.'

。

다들 웃음꽃이 만개했다. 그 앞에서 나는 아무렇지 않은 듯 말했다.

"저는 이제 다른 지역으로 가려고 합니다."

교회 안이 술렁였다. 순식간에 어수선해졌다. 농담이 아님을 알고 울음을 터뜨리는 성도님도 계셨다. 강단 위에 서서 성도들 한 명 한 명의 얼굴을 눈에 담아보았다. 애틋해진 마음에 눈물이 맺혔다. 은혜와 감격의 입당 예배에서 전하는 사임 소식이라니, 모든 성도에게 충격이었을 것이다.

"하나님께서 주신 말씀이 있었습니다."

그리고 사임을 결단하기까지 받은 말씀과 하나님께서 주신 마음들을 천천히 설명했다. 성도들의 표정에서 이렇게 결론 내리기까지 수많은 고민과 기도가 있었을 것이라는 나에 대한 믿음이 드러나는 것 같았다.

나중에 하나님께서 교인들의 마음을 만져주셨고, 이 모든 것이 주님의 뜻이라면 주의 종을 축복하며 보내자고 입을 모았다고 하니 마지막까지 참 성숙한 공동체라는 생각이 들었다. 마지막으로 눈물의 파송 예배를 드리고 나서 나와 우리 가정은 다시 한번 순종의 발걸음을 내딛었다.

"주님, 어디로 가오리까."

여호와께서 나의 목자가 되시니, 어느 곳으로 가든지 나의 발걸음마다 어떤 부족함도 없을 것을 믿었다. 나는 다시 한번 새로운 약속의 땅으로 향했다. 그때가 2009년 겨울이었다.

여호와는 나의 목자시니 내게 부족함이 없으리로다 그가 나를 푸른 풀밭에 누이시며 쉴 만한 물가로 인도하시는도다 _시 23:1-2

한 번 더 순종, 벤추라로

01 목양실을 기도실로 바꾸다

"최 목사님, 벤추라에도 청년 부흥을 이끌어주세요."

벤추라 카운티에 있는 한 교회에서 내게 담임목사 청빙 요청 메일을 보내왔다. 그리고 다시 몇 시간 후 그 교회 장로님으로부터 연락이 왔다. 전임 목회자의 사임과 교회의 여러 어려운 사정, 교인들의 상처 등을 이야기하시며 최 목사님이 속히 오셔서 어려운 교회를 맡아 다시 회복시켜달라는 이야기였다.

그런데 그 시점이 그동안 그토록 바랐던 알래스카교회를 건축하고 입당예배를 며칠 앞두고 있을 때였다. '어떻게 나를 알고 청빙 제안을 보내왔을까?'라는 생각으로 그때부터 3일간 금식하고 하루 6시간을 작정하여 기도하며 하나님의 뜻을 물었다.

"주님, 주님의 뜻을 알고 싶습니다. 주님께서 떠나라 하신 곳이 이곳이라면, 확실한 마음을 부어주세요."

금식기도를 마치던 날, 아내와 함께 주님께서 주시는 감동을 나누었다. 감사하게도 하나님께서는 나뿐만 아니라 아내에게도 동일한 확신을 부어주셨다. 언제나 무언가 결정해야 할 일이 생기면 작정 기도를 하였고, 그때마다 기도를 통해 마음에 확신을 주셨기에 이번에도 망설이지 않고 결정할 수 있었다. 기도하면 할수록 하나님께서 새롭게 하실 일들을 기대하는 마음이 부어졌다. 늘 선명하고 섬세하신 하나님의 부르심에 감사하지 않을 수 없었다.

비록 갑작스러운 사임 결정에 교회가 크게 당황했지만, 결국 온 교인이 하나님의 인도하심에 순종하기로 했다. 송별예배 대신 새로운 곳으로 파송하는 마음으로 눈물과 은혜의 파송예배를 드릴 수 있었다.

온 성도가 눈물을 흘리며 배웅해주었고 파송예배를 마친 후, 우리 가족은 캘리포니아 주의 벤추라로 이사했다. 사택을 마련할 시간적 여유가 없어서 교회 부임 준비와 동시에 집을 알아보기 시작했고, 한 달 뒤인 2010년 2월 첫 주, 담임목사 부임예배를 드렸다.

벤추라교회에 처음 부임했을 당시 성도 수가 40명 정도의 작은 교회였다. 그도 그럴 것이 벤추라는 그 흔한 한인 마켓이나 식당도 하나 없는 곳이었다. 애초에 한국인 유입이 별로 없는 오래되고 외진 도시이다. 알래스카만큼이나 전도할 영혼을 찾기가 쉽지 않은 동네였다. 교회 건물도 따로 없어서 미국 교회당을 빌려 주일예배를 드리고 있었다.

다행히 나는 지난 14년의 선교 사역을 통해 건물 없이 사역하는 데 익숙해져 있었다. 케냐에서는 마사이 원주민 지역에서 허허벌판 위에 건물을 지었고, 우간다에서도 직접 시멘트를 섞고 바르며 시작부터 끝까지 건축하는 경험도 하게 하셨다. 알래스카에서는 허름한 창고에 교회를 개척하게 하셨다. 그동안 하나님의 일하심 속에서 하나님은 결코 건물이나 외형적인 모습이 아닌 가슴속 깊이 영혼을 사랑하는 마음을 가장 중요하게 보신다는 사실을 알게 하셨다. 우리 안에 영혼을 사랑하는 마음이 절절히 넘칠 때 하나님은 우리의 예상을 뛰어넘는 은혜를 주셨다.

첫 예배를 드릴 때 찬양을 부르는 성도들의 표정이 그리 밝지 않았다. 예배가 끝나자마자 각자 흩어져 집으로 돌아가는 분위기였다. 축도가 끝나고 교인들에게 인사하기 위해 입구에 서 있을 때 들려오는 성도들의 대화 속에서 성도들 마음 깊은 곳에 상처가 남아 있음을 쉽게 알 수 있었다. 하루빨리 성도들을 만나 기도할 제목을 들어봐야겠다는 생각뿐이었다.

부임한 첫 주부터 매일 심방 일정을 잡았다. 다행히 대다수의 성도가 심방 요청에 응해주었고, 나와 아내는 매일 성도들의 목소리에 귀를 기울였다. 그렇게 한 달간 심방을 다니며 알게 된 것은 대부분의 성도가 각자의 이유로 상처를 받아 마음이 곪아 있다는 것이었다. 그나마 호의적인 한 남자 권사님께서 심방예배를 마치고 어렵사리 입을 열었다.

"우리 교회는 상처가 많아유. 다들 같은 마음일 거예유."

이야기를 들어보니 목사 초빙에 관련해서도 한동안 의견 다툼이 이어졌다고 한다. 생각해보니 나를 본체만체하고 가버리는 분들도 몇 분 계셨다. 상처의 골이 깊으셔서 그런 것 같았다. 그런데 하나님께서는 이런 눈앞의 상황을 보는 것이 아니라 나를 기도의 자리로 이끌어가셨다.

。

지난 선교 사역을 통해 주님은 쌓인 기도의 능력을 수없이 많이 경험하게 하셨다. 아프리카 케냐와 우간다 그리고 알래스카에서 십여 년 동안 영혼들을 만나면서 그들의 마음 문을 열게 된 계기는 오직 기도의 무릎뿐이었다. 포기하지 않고 기도하면 비록 때가 늦어진다고 해도, 내가 원하는 방식이 아니라고 해도, 하나님의 방법으로 하나님의 시간에 반드시 응답하심을 알게 하셨다.

마침 사택 계약 역시 쉽게 이루어지지 않았기에 그것도 기도하라는 하나님의 사인으로 받고 나는 작정 기도에 돌입했다. 다행히 두 시간 정도 떨어진 곳에 미국에 사는 친척들이 계셨다. 아내와 아이들은 일단 그곳으로 보내서 당분간 지내도록 했다. 그리고 세면도구와 옷 몇 벌, 성경책을 챙겨 들고 나 홀로 목양실로 향했다.

미국 교회에서 빌린 창고 같은 작은 목양실은 낡은 책상 하나만 덩그렇고 그 외에 아무것도 없었다. 나는 그 방에서 삼시

세끼를 해결하고 잠도 잤다. 그리고 먹고 자는 시간 외에 예배당에서 오로지 기도만 했다. 그동안 가장 더운 곳과 가장 추운 곳에서 선교한 덕분일까? 나로서는 그 정도가 큰 고생으로 여겨지지 않았다. 무엇보다도 잠시 느낄 육신의 불편함보다 기도를 통해 부어주시는 은혜가 몇십 배는 더 컸다.

예배당에서 밤새워 기도하다보면 새벽이 밝아왔고, 새벽 알람이 울리면 바로 새벽예배를 인도했다. 2주 동안 쪽잠을 자며 하루 일상의 모든 초점을 기도에 맞추었다. 일주일쯤 지났을까. 그날도 어김없이 밤새 철야기도를 하고, 새벽예배를 준비하러 예배당으로 올라가고 있었다. 기온이 내려간 새벽이라 한 시간쯤 전부터 미리 히터를 틀어놨다. 히터 입구에 손을 대고 찬바람이 따뜻하게 바뀔 때까지 기다리고 있는데, 누군가가 나를 보고 깜짝 놀라며 말했다.

"어머 목사님! 왜 여기 계세요?"

새벽 일찍이 기도하러 나온 성도님이 나를 발견한 것이었다.

"목사님, 설마 여기서 주무시는 거예요?"

일주일 후 온 교회에 소문이 퍼졌다. '젊은 목회자가 새로 왔는데, 교회에서 먹고 자며 철야기도를 하더라'는 것이다. 딱히 누구에게 보이려던 것은 아닌데, 교인들 사이에 금방 소문이 돌았다. 그때부터 나를 보며 인사하는 성도들의 목소리가 하이

톤으로 변하기 시작했다. 교회 분위기가 달라지고 어느새 말씀을 듣는 성도들의 눈빛도 달라져 있었다.

목사가 철야기도를 한다는 소문도 하나의 이유였겠지만, 기도를 통해 성도들의 마음을 움직이시는 하나님의 일하심이라고 확신했다. 나야 그저 교회에서 먹고 자며 기도한 게 다였는데, 그 단순한 방법으로 하나님께서는 결국 성도들을 한마음 한뜻으로 교회에 모이게 하신 것이다. 회복되는 교회를 보며 나는 다시 한번 분명히 깨달았다. 마음을 모으고 교회를 세우는 가장 빠른 방법은 기도뿐이다.

기도하다가 상황을 판단하지 말고, 그저 묵묵히 포기하지 않고 기도하면 된다. 그 기도가 쌓이면 하나님께서는 상처받은 마음도 만지시고 등 돌린 영혼도 돌아오게 하신다. 무엇보다 기도를 하면 할수록 주님이 반드시 교회를 회복시키실 것이라는 믿음이 더 굳건해졌다. 굳었던 성도들의 마음이 점점 부드러워졌다. 나는 이 놀라운 변화가 성령님의 역사임을 확신할 수 있었다. 모든 것이 하나님의 은혜라고밖에 설명할 수 없었다.

또 새 영을 너희 속에 두고 새 마음을 너희에게 주되 너희 육신에서 굳은 마음을 제거하고 부드러운 마음을 줄 것이며 _겔 36:26

02 담배 대신 고무장갑을 끼고

어느 날부터인가 교회 홈페이지에 이상한 제목의 글 하나가 올라왔다. "젊은 친구가 설교는 제법 하네." 누가 썼는지 궁금했는데 알고 보니 어떤 남자 권사님이 올리신 것이었다. 그 분은 첫인상부터 강렬했다. 예배당 의자에 앉자마자 팔짱을 끼고 그 자세 그대로 축도가 끝날 때까지 계셨다. 설교할 때 눈이 마주쳤는데 '어디 한 번 해봐' 하는 눈빛이었다.

그 분은 예배가 끝나면 밖에 나가 담배를 피우셨는데, 꼭 교회 현관에서 세 발짝 떨어진 거리에 서 계셨다. 성도들과 악수를 하며 인사를 나누다가 담배 연기 때문에 기침을 한 적도 있었다. 처음 오신 분들이 인사하다가 권사님을 향해 눈살을 찌푸려도 아랑곳하지 않으셨다. 그러면서도 주일에 빠지는 법이 없는 것을 보면 은혜를 사모하는 마음이 있으신 것 같았다.

그때부터 나는 그 권사님을 위하여 시간을 정해놓고 기도했다. 그런데 기도하면 할수록 오히려 내 마음이 변하는 것을 경험했다. 중보기도는 하나님께 올려드리는 기도인 동시에 그 사람이 사랑스러워지고 그 사람을 향한 긍휼한 마음이 생긴다. 기도하면 할수록 나는 그 권사님을 긍휼히 여기는 마음과 사랑하는 마음이 점점 커져갔다. 기도의 신기한 능력이라고 생각한다.

여느 때와 같은 어느 주일, 찬양을 마치고 설교를 전하고 있는데 설교가 반쯤 지났을까. 그 권사님이 갑자기 벌떡 일어나 뚜벅뚜벅 밖으로 걸어 나가셨다. 그리고 예배가 끝날 때까지 들어오지 않으셨다. '내가 무슨 말실수라도 했나? 설교가 마음에 안 드셨나?'라는 생각이 들었다.

그런데 다음 주도, 그다음 주도 마찬가지였다. 매번 설교 중 반쯤에 휙 나가버리셨다. 문을 열고 나가는 소리가 들릴 때마다 모든 성도의 시선이 일제히 문 쪽을 향했다. 흐트러진 분위기에 당황해서 나도 설교하며 말을 버벅거린 적이 있었다. 다시 몇 주가 흐른 뒤 우연히 그 권사님의 아내와 대화하다가 권사님에 대한 이야기를 나누었다. 워낙 조심스러워 최대한 말을 아끼고 있는데, 성도님이 진지하게 입을 열었다.

"목사님, 그게 말이죠⋯."

°

그렇게 듣게 된 진실은 내게 너무 충격적이었다. 알고 보니 권사님은 설교가 마음에 안 들어서가 아니라 자꾸 눈물이 나서

PART 4 한 뜸 더 손종 빼주라도 。

209

나가신다는 것이다. 설교를 듣다보면 본인도 모르게 눈물을 흘리게 되는데, 혹시 그 모습을 다른 사람들이 볼까봐 휙 나가버리신다는 것이다.

'아, 하나님께서 권사님을 만지고 계셨던 거구나.' 기도의 역사는 참으로 놀랍다. 명백한 사실은 기도하는 동안 하나님은 영혼을 만지시며 조금씩 변화시킨다는 것이다. 이후 권사님을 다시 만났을 때 나는 조심스레 이야기를 꺼냈다.

"권사님, 하나님께서 은혜 주셔서 눈물이 나는 거예요. 창피해하지 마시고 마음껏 우셔도 괜찮아요. 하나님께서도 시작부터 축도까지 온전하게 드리는 예배를 더 기쁘게 받으실 거예요."

권사님은 겸연쩍은 표정을 지으며 고개를 두세 번 끄덕이더니 바삐 예배당으로 들어가셨다. 이후 권사님은 완전히 새사람이 되셨다. 매번 앉는 그 자리에서 눈물을 뚝뚝 흘리며 말씀을 들으셨고 축도 시간까지 온전히 예배를 드리셨다. 웃음기 하나 없던 얼굴이 예배를 회복한 이후 점점 미소가 비치고, 나중에는 천사와 같이 밝은 표정으로 바뀌었다. 다음 해에는 성가대와 찬양단에도 자원하셨고, 뭐라도 돕고 싶다며 팔을 걷어붙이고 여 권사님들 틈에서 설거지를 하셨다. 내가 벤추라를 떠나는 마지막 날까지도 목회에 든든한 동역자가 되어주셨다.

다니엘이 21일 기도를 작정한 첫날부터 하나님께서 천사를 보내신 것처럼 내가 기도를 시작한 그 날부터 하나님께서는 이미 일하기 시작하셨다. 성도들 개개인의 크고 작은 변화를 두 눈으로 보게 된 것은 기도를 시작한 후 어느 정도 시간이 지났을 때였다. 그러나 사실 하나님께서는 내가 철야기도를 시작한 첫날부터 이미 일하고 계셨다. 모든 성도의 마음을 만지시고 상처받은 마음을 회복시키셨다. 사람의 마음을 움직이는 일이 가장 어렵지만, 하나님은 그 어려운 문제를 너무 쉽게 풀어내신다. 오직 기도를 통해 맺게 되는 귀한 열매였다고 확신한다.

그가 내게 이르되 다니엘아 두려워하지 말라 네가 깨달으려 하여 네 하나님 앞에 스스로 겸비하게 하기로 결심하던 첫날부터 네 말이 응답받았으므로 내가 네 말로 말미암아 왔느니라 _단 10:12

03 보이스톡으로 받은 제자반 수업

"목사님, 설교 CD는 더 없나요?"

결석자를 위해 만든 설교 CD가 나오자마자 순식간에 동이 났다. 말씀을 다시 듣겠다는 성도들이 늘어나자 셀별로 CD를 돌려가며 듣는 일까지 발생했다. 사모하는 영혼들의 열심이 참 귀하게 느껴졌다. 그 당시만 해도 설교 CD를 받아서 듣는 경우가 더 보편적이었다.

나도 운전하면서 내 설교 CD를 듣곤 했다. 자기가 한 설교를 듣는다는 것이 어찌 보면 창피하고 어색하기도 하지만, 하나님이 나에게 주신 말씀으로 여기고 들으면 성령님이 하시는 말씀으로 들려오기 시작했다. 나는 하나님의 통로일 뿐, 하나님께서 전하라고 하신 말씀이면 곧 나에게 하시는 말씀이기도 하기 때문이다.

"하나님이 여러분 안에 계십니다. 이는 놀라운 사실입니다."

설교는 30여 분간 계속되었다. 익숙한 내 목소리로 전해지는 그 말씀이 그날 운전하던 내 마음에도 날아와 꽂혔다. 나도 감히 전달하기 벅찬 하나님의 말씀이었다. 성령님께서 운전하는 와중에도 말씀을 깨닫는 은혜를 주신 것이다. 점점 눈물이 차올랐다. 다급히 오른쪽 길가에 차를 세우고 엉엉 울었다. 부족한 종이 감히 이런 말씀을 전할 수 있다는 것이 과분하고 감사하고 송구했다.

그 후로 설교하러 강단에 오를 때마다 마음가짐이 달라졌다. 성령님께서는 먼저 설교자인 내 마음부터 은혜로 충만하게 하시고 겸손히 낮아지게 하셨다. 그리고 받은 은혜가 자연히 성도들에게 흘러가게 되었다. 설교 CD가 나오면 금세 사라지는 것을 보면서 감사한 한편 목사로서 고민이 되었다. 매일 저녁 가장 먼저 기도한 제목도 "사모하는 자에게 만족을 주시는 주님, 우리 성도님들에게 말씀을 가르칠 방법을 알려주세요"로, 성도들의 말씀에 대한 갈급함을 어떻게 체계적으로 채워나갈 수 있을까 하는 것이었다.

그렇게 시작된 것이 '제자훈련반' 성경공부였다. 열 명 정도의 성도를 모집하고 말씀 중심의 교재를 정해서 훈련을 시작했다. 매주 한 번 모이는 모임을 12주 동안 진행했다. 결석하면 수료할 수 없다는 규정을 만들어서 되도록 모든 시간에 참여하도록 독려했다. 감사하게도 거의 모든 성도가 12회 개근하고 은혜로 수료할 수 있었다.

어느덧 제자반 3기에 이르렀을 때 미 해군 장교로 일하는 한 성도가 제자반을 신청했다. 열정이 남달라서 신청과 마감 몇 주 전부터 자신도 꼭 명단에 넣어달라 부탁할 정도였다. 그런데 어느 날 그 분이 울상이 되어 찾아왔다.

"목사님, 저 제자반 수료 못 할 것 같아요….."

"네? 왜요? 무슨 일이 생기셨어요?"

"저희 부대가 2주간 하와이로 훈련을 가게 되었어요. 제자반은 절대 빠지고 싶지 않았는데….."

나까지 덩달아 안타까운 마음이 들었다. 그 분이 누구보다 제자반에 대한 사모함이 컸기 때문이다. 첫 수업 시간 자기소개할 때도 당찬 목소리로 "저는 한 번도 빠지지 않고 다 들을 거예요!"라며 포부를 밝힐 정도였다. 속상한 마음이 컸지만, 나는 힘주어 대답했다. "성도님, 일단 기도해봅시다. 저도 기도할게요. 하나님께서 성도님의 사모하는 마음을 가장 잘 아실 거예요."

떠나기 하루 전까지도 우리는 하와이 훈련 일정이 취소되기를 간절히 기도했다. 하지만 일정은 그대로 추진되어 결국 다음날 하와이로 떠나게 되었다. 그저 안전하게 다녀오시기를 기도할 수밖에 없었다. 그로부터 며칠 후, 막 제자반을 하러 가려는데, 내 휴대폰으로 보이스톡이 왔다. 그 성도님이었다.

"여보세요? 목사님?" 치지직거리는 기계음과 잡음 사이로 성도님 목소리가 들려왔다.

"여보세요? 여보세요? 목사님, 잘 들리세요?"

"네, 성도님. 어떻게 전화하셨어요! 하와이는 잘 도착하셨어요?"

"네! 목사님, 지금 하와이에 있어요. 목사님, 2시간 동안 이거 그대로 켜주시면 안 될까요? 이렇게라도 제자반 수업을 같이 듣고 싶어요. 어떻게 안 될까요?"

그가 하와이에 정박한 항공모함 안에서 와이파이를 연결하여 벤추라에 있는 나에게 보이스톡을 걸어온 것이다. 이렇게 해서라도 제자반 수업을 놓치고 싶지 않은 그의 사모함이 나에게까지 전달되었다. 제자반을 시작하며 휴대폰을 조심히 탁자 위에 내려놓았다. 핸드폰에서 계속 치지직거리는 소리가 나자 옆에 계신 집사님이 물으셨다.

"목사님, 핸드폰에서 소리가 나는데요?"

"네, 훈련 가신 성도님께서 보이스톡을 하셨어요. 같이 제자반 수업을 듣고 싶다고 하셔서요."

다들 놀라 눈이 휘둥그레졌다. 서로 말은 안 하지만 성도님의 열정에 도전을 받은 분위기였다. 그때부터 분위기는 달라졌다. 이전보다 더 큰 소리로 "아멘"을 외치고, 반짝이는 눈으로 수업에 집중했다. 나 또한 거룩한 부담감을 안고 말씀을 전했다.

성도님은 그렇게 2주간 보이스톡으로 제자반에 참여했고, 다시 벤추라에 돌아와서 남은 수업에 성실하게 참여하여 마침내 12주의 과정을 기쁨으로 마무리했다. 모든 제자반원들과 함께 논의한 결과 비록 현장에 함께하지 못했지만, 특별한 케이스이니 수료를 인정해주기로 결정하였다.

수료식 당일, 함박웃음을 지으며 수료증을 받아 들던 그 분의 얼굴이 아직도 눈에 선하다. 말씀을 사모한다는 것을 온몸으로 보여주신 귀한 성도님이셨다. 말씀이 육신이 되어 우리 가운데 거하신다. 말씀이신 예수님께서 우리 안에 임하시면 그 생명력이 영혼을 생생하게 만지고 변화시키신다. 사모하는 심령을 더욱 만족하게 하시고 찾아와주신다. 교회가 말씀 중심, 기도 중심으로 변해가자 수적인 부흥뿐 아니라 영적인 성장도 함께 일어났다. 하나님께서는 이 교회를 벤추라 카운티에서 교회학교와 청년들이 가장 많이 모이는 교회로 부흥시켜주셨다.

하나님의 말씀은 살아 있고 활력이 있어 좌우에 날선 어떤 검보다도 예리하여 혼과 영과 및 관절과 골수를 찔러 쪼개기까지 하며 또 마음의 생각과 뜻을 판단하나니 _히 4:12

----

04 그래미상 후보와의 찬양 인도

"우리의 힘은 주를 기뻐하는 것" 주일 오전부터 싱글벙글 웃으며 찬양을 인도하던 분이 계셨다. 땀 흘리며 기타를 치는 모습이 인상적이라 누구신지 궁금했는데 다들 그분을 '남 집사님'이라 불렀다. 찬양 인도뿐만 아니라 반주, 성가 지휘, 음향 엔지니어 등 달란트가 많은 분이었다. 예배마다 남 집사님은 항상 어딘가에서 봉사하고 계셨다. 어느 날 내가 이런 제안을 했다.

"집사님, 오늘은 제가 찬양 인도를 하고 집사님이 반주를 해주시면 어떨까요?"

"알겠습니다, 목사님."

내가 처음 찬양 인도를 하던 날, 남 집사님은 방송실에서 엔지니어링을 해주셨다. 음향에 대해 잘 아시는 분 같아 이것저것 세세하게 부탁드렸다.

"집사님, 제가 찬양 인도할 때는 고음 좀 내려주시고 중음 좀 올려주세요."

"집사님, 예배 시간에 마이크 좀 올려주셔요."

"모니터 스피커는 줄여주세요."

"집사님, 키보드 소리가 너무 큰 것 같아요."

여러 부탁을 드려도 한 번도 뭐라고 하지 않고 겸손한 태도와 마음으로 나의 찬양 스타일에 맞춰주셨다. 심지어 내가 실수로 음이나 박자를 틀려도 한 번도 웃거나 지적하지 않고, 다시 내 박자에 맞춰 반주해주셨다. 어디서나 활짝 웃는 얼굴로 섬겨주시니 나도 편한 마음으로 믿고 맡겨드릴 수 있었다. 그렇게 6개월 정도 집사님과 매주 예배 찬양을 맞추던 어느 날, 기타를 튜닝하고 있는 내게 집사님이 찾아와 무언가 내미셨다.

"목사님, 꼭 와주셨으면 좋겠습니다."

"이게 뭔가요?"

"초대장입니다."

봉투를 열어보니 반짝이는 티켓이 나왔다. 그 초대장에 이렇게 쓰여 있었다. 'GRAMMY AWARDS', 그래미 어워드는 전미 레코딩 아카데미가 주최하는 음악계에서 최고 권위 있는 상이다. 알고 보니 남 집사님이 마스터 엔지니어링 부문 수상 후보에 오른 것이었다. 한국인으로 후보에 오른 것은 역사상 처음이라 당시 기사가 줄줄이 났던 엄청난 일이었다. "와!" 하고 탄성을 지르려는데, 남 집사님은 자신의 입에 손가락을 대며 아직은 비밀로 해달라고 하셨다.

다시 생각해보니 나는 이분의 직업이 뭔지 자세히 들은 바가 없었다. 어느 회사에 다닌다고만 알았지, 그게 미국 최고의 음반 회사일 거라고는 상상조차 하지 못했다. '저렇게 대단한 분에게 내가 음악적인 부분을 요구했다니….' 더구나 마스터링 엔지니어는 음반 최종 작업에 소리를 맞추는 최고의 전문적인 분야였다. 민망하고 부끄러워서 쥐구멍에라도 숨고 싶은 심정이었다.

어떻게 한 번도 '내가 이런 사람이다' 자랑하거나 티도 내지 않으셨을까. 음악과 음향에 대한 세계적인 전문가가 젊은 목사의 요구에 순순히 다 맞춰준다는 것은 있을 수 없는 일이었다. 그분의 겸손함에 나는 절로 고개가 숙여졌다. 부끄러웠다. 쑥스럽게 웃으시는 남 집사님의 미소에서 낮고 낮은 이 땅에 왕으로 오신 예수님의 얼굴이 보이는 것 같았다.

겸손은 모든 상황을 움직이며 사람의 마음을 여는 놀라운 힘이고 능력이다. 아무리 마음에 상처를 가진 분이라도, 이런 겸손한 분들을 통해 돌 같은 마음이 살 같이 부드러워지는 변화가 일어난다. 어떻게 이런 분들과 함께 목회할 수 있었을까? 기도함으로 순종했을 때 은혜로 거저 받은 동역자의 축복이라고 나는 믿는다.

사람이 교만하면 낮아지게 되겠고 마음이 겸손하면 영예를 얻으리라

_잠 29:23

PART 4 한 번 더 순종, 뻐추리로 。

05 기도보다 앞서지 말자

주일 아침, 나는 목양실에 7시 이전에 도착해서 가장 먼저 1시간에서 1시간 30분가량 중보기도를 한다. "주님, 오늘도 주님만이 영광 받으시는 주일 되게 하옵소서." 기도가 끝나면 예배당으로 내려가 모든 음향 기기 전원을 켜고, 찬양 악보를 뽑았다. 잠시 후 악기를 연주하는 청년들이 도착하면 함께 찬양 연습을 하고, 목양실로 돌아와 설교 원고를 한 번 더 읽어보았다.

성도 수가 얼마 되지 않던 초반에는 부사역자가 따로 없어서 찬양 준비부터 설교까지 모든 것을 홀로 담당해야 했다. 예배 준비 시간만 한 시간이 넘게 걸렸다. 그러나 아무리 바빠도 예배 전에 반드시 중보기도회를 가졌다.

"아무리 바쁘더라도, 준비가 다 안 되었더라도 먼저 기도합시다." 처음부터 예배를 준비하는 분들, 찬양 단원들에게 유일하게 강조했던 것이 중보기도였다. 예배 시작 전, 다 같이 모여 통성으로 간절히 기도하며 성령님의 임재하심을 구했다.

해가 갈수록 교회는 부흥했고, 찬양팀이 만들어지고, 예배위원이 세워졌다. 성도들이 많아지면서 예배 전에 신경 쓸 부분이 더 많아졌다. 그러나 예배 전 기도회는 단 한 주도 빼먹지 않고 구별하여 드렸다. '연습 시간보다 기도 시간을 적게 갖지 맙시다'라는 마음으로 기도회를 소중히 여겼다. 하나님께서 소중히 여기시는 시간을 나도 소중히 여기면, 반드시 하나님께서 인도하신다는 것을 나는 여러 선교 사역을 통해 경험했다. 그래서 예배 전 기도회 시간을 절대 소홀히 할 수 없었다.

예배위원들이 먼저 은혜로 충만해야 성도들도 그 넘치는 은혜를 그대로 전달받게 된다. 나는 이를 '충만의 원리'라고 불렀다. 내가 충만해야, 예배위원들이 충만해야, 그 은혜가 자연스레 예배로 이어질 수 있다. 나날이 기도가 쌓이니 매일같이 드리던 예배가 마치 부흥회처럼 뜨거워졌다.

가장 놀랍게 부흥했던 것이 토요일 새벽예배였다. 원래 이때가 출석률이 제일 저조한 예배였다. 그도 그럴 것이 월요일부터 금요일까지 출근하기 때문에 토요일 아침에는 밀린 잠을 자며 주말의 여유를 즐기는 사람들이 많다. 그런데 어느 날 하나님께서 말씀 한 구절을 떠오르게 하셨다.

"하나님이 그 성 중에 계시매 성이 흔들리지 아니할 것이라 새벽에 하나님이 도우시리로다"(시 46:5).

말씀에 따라 새벽을 다시 부흥시켜야겠다는 꿈을 품게 하셨다. 그때부터 토요일 새벽예배의 이름을 바꾸어, '토비새'(토요비전새벽기도회)로 지정했다. 이날은 특별히 어린아이부터 어른에 이르기까지 성도 개인마다 안수기도를 하고, 공식적으로 찬양단도 세웠다. 처음에는 어린아이들이 하나둘씩 예배에 나오기 시작했다. 학교에 가지 않는 주말을 이용하여 부모님의 손을 잡고 나오기 시작한 것이다. 아이들 한 명 한 명에게 안수기도를 했다. 나중에 인원이 많아지면서 안수하는 시간이 점점 길어졌다.

그렇게 '토비새'의 부흥이 시작되었다. 어린아이부터 어른까지 전 교인이 한마음으로 새벽을 깨우기 시작했고 출석하는 어린아이만 서른 명 가까이 되었다. 작은 교회에서, 그것도 한인 수가 적은 벤추라 시에서 어린아이들이 이만큼 새벽예배에 나오는 것은 매우 이례적인 경우였다. 주신 말씀을 믿고 시작한 새벽예배에 하나님께서 부흥을 부어주셨다.

그중에 불면증으로 고생하시는 70세의 한 남자 집사님이 계셨는데, 하루에 한두 시간밖에 자지 못해 늘 피곤한 안색이셨다. 안타까운 마음에 토비새에 나오셨을 때 안수기도를 하기로 했다. 가족분들도 간절한 마음으로 중보하며 함께했는데, 막 손을 얹어 기도하려는데 하나님께서 '영혼의 햇빛 예수님'이라는 찬송가를 떠오르게 하셔서 다 함께 찬양을 불렀다.

그런데 황당하면서도 감사한 일이 벌어졌다. 집사님께서 갑자기 깊은 잠에 빠져드신 것이다. 같이한 가족분들이 집사님의 코고는 소리를 들으며 감사와 기쁨의 웃음을 터뜨리셨다. 다 같이 울다가 웃다가 하며 하나님께 영광을 올려드렸다. 그날 이후 집사님의 불면증은 깨끗이 치유되어 단잠을 주무신다고 한다.

또 치통 때문에 밤잠을 설치던 장로님이 토비새에 나와 안수기도를 받은 후 치통이 사라졌다고 간증의 글을 보내오셨다. 참 신기할 일이다. 수십 년간 앓던 병이 그저 평범한 목사의 안수기도 중에 치유되는 것을 보면서 하나님의 살아계심을 고백하지 않을 수 없었다.

주님이 행하시는 일들을 보며, 기도는 가장 겸손한 모습의 표현이라는 생각이 들었다. 겸손한 자는 곧 기도하는 자이다. "주님 아니면 할 수 없습니다"라는 겸손의 고백이 있을 때 결국 기도의 자리로 나아갈 수밖에 없음을 깨달았다. 축적된 기도는 철저하게 내가 아닌 주님을 바라보도록 인도했다. 내가 드러나지 않을수록 주님은 더욱 자유롭게 그분의 뜻대로 역사해주셨다.

하나님이 그 성 중에 계시매 성이 흔들리지 아니할 것이라 새벽에 하나님이 도우시리로다 _시 46:5

06 기쁨을 선포하고 쟁취하라

나는 지금도 비 오는 날이면 생각나는 심방이 있다. 벤추라에 온 지 2년쯤 지났을 때, 집회 인도를 비롯한 일주일의 **빡빡한** 일정으로 한국에 다녀올 일이 있었다. 출국을 며칠 앞둔 어느 날, 누군가 목양실 방문을 두드렸다.

"목사님, 계신가요?"

문을 열어보니 한 청년이 서 있었다. 평소 예배 시간마다 맨 뒷자리에 앉아 예배를 드리던 자매였다. 자매는 조심스레 쪽지를 하나 건넸다. 펴보니 한국의 주소가 적혀 있었다. 의아해하는 내게 자매가 잠시 머뭇거리다가 말을 꺼냈다.

"목사님, 한국 일정이 무척 바쁘시겠지만, 가능하시면 저희 어머니 댁에 심방 한 번만 가주시면 안 될까요?"

한국에 머무는 시간은 고작 일주일이었고 처리할 일이나 일정이 많은데 순간 엉뚱한 대답이 튀어나왔다.

"그래, 시간이 되면 들렀다 올게."

주소가 적힌 쪽지를 다시 접어 지갑 속에 넣고 출국 길에 올랐다. 한국에서의 일정은 예상보다 더 빠듯했다. 서울에서 대구, 광주, 부산까지 오가며 바쁜 사역의 일정을 소화했다. 모든 일정을 마치고 나니 어느새 출국 전날 저녁이 되었다. 쇼핑조차 할 시간이 없어서 아이들을 위한 선물도 제대로 사지 못한 상태였다. 나는 주소가 적힌 쪽지를 꺼내 위치를 확인했다. 지방의 어느 동네인 것 같았다. 고민에 빠졌다. '지역도 지방이고 전화로 기도해 드리면 안 될까? 직접 가기에 시간도 오래 걸리고, 대중교통을 이용해야 하는데 노선도 복잡하고….'

。

그 순간 늘 하던 대로 주님께 묻는 기도를 했다. '주님, 전화로 기도해 드려도 될까요?' 그런데 주님은 왠지 모르게 직접 가야 할 것 같은 감동을 주셨다. 간절하게 부탁하던 청년의 얼굴도 아른거렸다. 이미 날은 저물어가고 있었다. 그러나 잠시라도 다녀와야겠다는 생각에 급한 대로 택시를 잡았다. 그런데 차에 타자마자 하늘에 구멍이라도 난 듯 비가 쏟아졌다.

"여기가 어딘지 당최 모르겠네요."

"기사님. 일단 주소랑 최대한 가까운 곳까지라도 가주세요."

"무슨 공원밖에 안 나오는데 이 주소가 맞는 건가요?"

몇 번이고 주소를 검색해봐도 어딘지 정확히 알 수 없는 곳이었다. 차는 몇 분째 같은 골목을 들어왔다 나오기를 반복했

227

다. 그사이에 비가 더욱 거세졌다.

"기사님, 그럼 그냥 요 앞 공원에서 세워주세요."

하는 수 없이 아까부터 뱅뱅 돌던 이름 모를 공원에 차를 세웠다. 우산이 없기 때문에 옷은 이미 비에 다 젖어버렸다. 몇 분 정도 걷자 상가가 나왔다. 안으로 들어가 청년의 어머니 댁에 다시 연락했다. 청년의 동생이 전화를 받은 것 같았다. 현재 위치가 어딘지 설명하기 어려웠지만, 겨우겨우 설명을 마치자 청년의 어머니 댁과 어느 정도 거리가 있어 다시 택시를 타야 한다고 했다.

어쩔 수 없이 다시 택시를 탔다. 옷이며 신발이 다 젖은 상태로 택시 좌석에 잠시 몸을 기댔다. 축축한 느낌에 나도 모르게 표정이 굳어졌다. '주님, 이런 모습으로 심방을 가는 것도 예의가 아닌 것 같은데 어떻게 해야 할까요?'

그런데 이런 내 마음속에 작은 음성이 들리는 듯했다. "상훈아, 기쁨은 선포하고, 멋지게 해석하고, 쟁취하는 거란다." 기뻐하지 못할 상황에서도 기쁨을 선포하면 상한 마음이 얼마든지 다시 기쁨으로 바뀔 수 있다는 확신이 들었다. 다윗이 "내 마음이 확정되었고 내 마음이 확정되었사오니 내가 노래하고 내가 찬송하리이다"(시 57:7)라고 반복해서 고백했던 것을 떠올리며 나도 반복해서 기쁨을 선포했다. 너무 크게 외치면 택시 기사님이 놀라실까봐, 입 안에서 읊조리듯 계속해서 선포했다. 그렇게 5분 정도 지났을 때, 진짜로 내 속에 속상한 마음들이 눈 녹듯 사라지는 것이 느껴졌다. 감정에 이끌리는 것이 아니라 감정을 이끌고 갈 힘이 내 안에 있다는 사실이 너무 신기했다. 선포하며 기쁜 마음을 되찾고 가벼운 마음으로 택시에서 내렸다.

차가 멈춘 곳은 어느 허름한 상가였다. 계단을 오르니 미국에 있는 자매와 똑 닮은 자매가 문 앞에서부터 나를 맞아주었다. 한 분은 자매의 언니이고, 한 분은 동생이라고 본인을 소개했다. 그리고 울먹이는 목소리로 몇 번이나 감사 인사를 했다. 나는 거실 한가운데 누워 계신 어머니께 다가갔다.

"저는 미국에서 목회하는 최상훈 목사입니다."

그러나 어머니는 눈을 감은 채 미동도 없었다. 옆에서 지켜보던 딸들이 조용히 입을 열었다.

"저희 어머니는 20년째 식물인간 상태로 누워 계세요."

"아….."

이야기를 듣는 순간 나도 모르게 눈물이 왈칵 쏟아졌다. 찬송을 부르는데 눈물이 주르륵 흘러내렸다. 상가 꼭대기 집이라 그런지 쏟아지는 비가 슬래브 지붕을 때리는 소리가 들렸다.

말씀을 읽고 함께 합심기도를 했다. 두 자매를 위로하며 용기를 주시는 하나님의 은혜가 방안에 가득 찼다. 주님의 임재가 강하게 느껴졌고 말할 수 없는 기쁨과 은혜로 가득한 천상의 예배를 드렸다.

예배를 마친 뒤에도 두 자매는 감사와 기쁨으로 눈시울을 적셨다. 나 또한 평생 잊을 수 없는 예배였다. 이때를 생각하면 지금도 마음이 울컥한다. 심방을 가기까지 마음도 육신도 힘들었지만, 하나님께서는 그렇게라도 꼭 만나야만 했던 영혼을 준비하셨던 것이다. 한 영혼을 사랑하시는 하나님의 마음이 느껴졌다. 동시에 그 위로가 두 자매를 깊이 만지시는 것 같아 진한 감동이 되었다.

이후로는 한 영혼을 위하여 어디라도 달려가야겠다는 결단을 할 수 있었다. 하나님께서는 훗날 부흥의 시작은 영혼 사랑하는 절절한 마음임을 절실히 깨닫게 하셨다. 어떤 프로그램이나 좋은 환경도 절절한 예수님의 마음, 가슴 터지는 예수님의 마음이 없이는 생명력 없는 잎사귀에 불과하다는 사실을 알게 하셨다.

지금도 비가 쏟아지는 밤이면 그날이 떠오른다. 그때 사탄이 주는 환경과 생각에 동의하여 그대로 집으로 돌아갔다면, 놀라운 천상의 예배를 경험하지 못했을 것이다. 사탄이 넣어주

는 생각을 사로잡아 제거하고 주님의 음성에만 순종하면 하나
님이 도우신다. 평생 잊지 못할 소중한 예배를 드릴 수 있었던
비결은 빛의 영성과 기쁨의 고백을 선포한 덕분이 아니었을까.
한국 방문의 마지막 밤, 하나님께서는 순종을 통하여 주님의
임재가 가득한 천상의 예배를 경험케 하셨다.

하나님 아는 것을 대적하여 높아진 것을 다 무너뜨리고 모든 생각을 사
로잡아 그리스도에게 복종하게 하니 _고후 10:5

07 미국 보안법을 바꾼 청년의 기도

"상훈아, 교회가 그렇게 좋아?"

어릴 적, 맨날 교회 의자에만 붙어 있는 나를 보며 성도님들이 신기한 눈빛을 보내곤 했다. 우직하게 한자리에 앉아 오랜 시간 기도하고 있으면, 왜 그렇게까지 오래 기도하냐고 묻는 사람들도 있었다. 그때마다 말로 설명하기가 참 어려웠다. 말로는 형용 못할 그 기도의 깊이는 기도가 길어지고 깊어지면 자연스레 깨닫게 되는 기쁨이었으니까 말이다. 그 시간에 느끼는 기쁨과 평안은 세상 어디에서도 얻을 수 없는 것이다. 마치 나만 아는 맛집을 찾아가는 기분이었다.

게다가 기도하면 할수록 이미 내 안에 계신 예수님의 성품이 활성화된다는 생각이 들었다. 성령님은 부드러운 영이라고 하셨는데, 그분의 성품이 내 안에서 드러나니 조급했던 성격이 점점 여유를 찾아가고 부드러워지는 놀라운 일을 경험할 수 있었다.

처음에는 나 혼자 예배당에 나와 40일 작정기도를 시작했다. 그리고 기도한 지 40일이 지나자 또 새로운 40일을 작정하고 하루 3시간씩 기도에 집중했다. 혼자 작정했던 거라 성도들에게는 한 번도 작정기도를 독려하지 않았다. 그런데 언제부터인가 한두 명씩 함께 기도하시는 분들이 생겨났다. '우리도 목사님과 같이 기도해보자'라며 마음을 모으셨다는 것이다. 그중에는 연세가 있으신 권사님들이 대부분이었다. 공식적인 기도 프로그램이 있는 것도 아니고 각자 예배당에 앉아 기도하는 것이 전부였다.

그런데도 점점 기도가 모이더니 자연스레 교회는 기도하는 분위기가 되었고, 어느새 모든 성도가 자발적으로 교회에 나와 기도하기 시작했다. 나는 성도들이 편안한 마음으로 기도하도록 24시간 내내 찬양을 틀어놓았다. 분명하게 믿었던 한 가지 사실은 기도가 쌓인 제단에는 반드시 하나님의 일하심이 있다는 것이었다.

내가 기도를 시작한 지 2개월 정도 지났을 때부터 본격적으로 기도운동이 시작되었고, 금세 기도의 열기가 불타오르기 시작했다. 성도들은 너도나도 수시로 예배당을 찾았다. 매시간 꼭 한두 명씩은 기도하는 사람들이 있었고, 출퇴근 시간대에는 더 많은 사람이 성전에 나와 기도를 쌓았다.

그러던 어느 날, 한 형제와 피아노 반주하는 자매가 목양실로 찾아왔다. 형제는 미국의 정보기관에서 일하고 있었고, 자매는 영주권 허가가 나지 않아 본의 아니게 불법 체류 중인 청년이었다. 둘은 결혼 얘기가 오고갈 만큼 각별한 사이였다. 그런데 그 당시 국가 정보기관에서 일하던 사람에게는 보안법상 배우자가 영주권이 없으면 결혼할 수 없다는 규정이 있었다. 불법 체류자의 자격으로는 말할 것도 없이 보안법에 위배되는 경우였다. 두 사람이 결혼하려면 보안법과 관련된 직장을 그만두고 다른 직장을 찾아야 하는 상황이었다.

어쩔 수 없는 상황에 형제는 발을 동동 구르고 있는데, 도리어 자매는 담담한 표정으로 내게 기도 부탁을 했다.

"목사님, 목사님께서는 선교지마다 기도를 통해 돌파하셨던 것을 기억해요. 저도 기도로 법을 바꿔보려고요."

너무나 담대한 믿음에 오히려 내가 당황스러울 정도였다. 자매는 비장한 각오를 남기더니 다음 날부터 매일같이 예배당에 나와 간절히 기도하기 시작했다. 기도를 마치면 두 사람이 같이 성경도 다섯 장씩 읽고 집으로 돌아갔다고 한다. 사실 미국 보안법상 한 번도 예외가 없던 상황을 믿음으로 기도하기란 쉽지 않았을 것이다. 그러나 자매는 우직하게 기도를 이어갔고, 자매의 확고한 믿음에 나도 덩달아 그 기도 제목을 놓고 굳은 믿음으로 기도하기 시작했다.

그리고 40일 후, 자매는 상기된 얼굴로 다시 나를 찾아왔다.

"목사님! 목사님! 정말로 기적이 일어났습니다!"

사연을 들어보니, 형제와 같이 일하던 선임이 우연히 두 사람의 안타까운 사연을 듣고 네 번의 회의를 열어 그들의 결혼을 합법적으로 허락할 수 있도록 정보기관 내 예외 규정을 일부 개정했다는 것이다. 그뿐 아니라 미국 정보기관 역사상 처음으로 자매와 그의 가족 세 명도 전부 영주권 신분을 취득받게 되었다. 자매의 말처럼 기도로 법을 바꿔버린 것이다.

우리는 얼싸안고 눈물을 흘리며 감사의 기도를 드렸다. 두 사람은 교인들의 축복 속에 결혼식을 올렸다. 함께 중보하던 모든 교인이 한마음으로 기뻐하며 축복하는 시간이었다. 특히 두 사람의 간증은 오랜 시간 한 기도 제목을 가지고 기도하던 성도들에게 많은 도전과 소망을 전해주었다.

그 후로도 목회하는 내내 예배당을 향한 기도의 발길은 끊이지 않았다. 기도가 쌓인 제단에 역사하시는 하나님의 은혜는 나날이 커져갔고, 성도들의 기도와 말씀에 대한 열정 또한 자라났다. 사람의 어떤 말이나 노력보다도 강력하신 성령님께서 불같이 역사하신 결과였다. 하나님의 은혜로 교회는 점점 부흥했고, 4년 6개월 만에 벤추라 시에서 가장 큰 교회로 성장하는 축복을 허락하셨다. 특히 청년이 가장 많이 모이는 교회로 세워주셨다. 그렇게 5년의 벤추라 선교 사역이 마무리될 즈음, 한국에서 연락이 왔다.

여호와의 눈은 온 땅을 두루 감찰하사 전심으로 자기에게 향하는 자들을 위하여 능력을 베푸시나니 이 일은 왕이 망령되이 행하였은즉 이 후부터는 왕에게 전쟁이 있으리이다 하매 _대하 16:9

08 19년 만에 다시 한국으로

2014년 1월, 한국에서 한 통의 전화가 걸려 왔다.

"최상훈 목사님 되십니까?"

"네, 전데요."

"안녕하세요. 저는 OOO 목사입니다. 다름이 아니라 담임목사 초빙 건으로 통화를 하고 싶습니다."

한국에서 담임목사 초빙 연락이 왔다. 기도해보겠다고 하고 일단 전화를 끊었다. 그날따라 일이 손에 잡히지 않아 일찌감치 집으로 향했다. 저녁도 먹는 둥 마는 둥 안절부절하고 있었다. 나의 낌새를 눈치챈 아내가 물었다.

"목사님, 혹시 무슨 할 말 있어요?"

"음 사실은 한국에서 연락이 왔어요."

"무슨 연락이요?"

"서울에 있는 교회라는데, 담임목사 초빙 건으로 말할 것이 있다네요."

아내는 생각에 잠긴 듯했다.

"일단 2주 정도 기도해봅시다. 하나님께서 말씀하시겠지요."

해외선교를 하면서도 한국이 그리운 것은 모든 이민 가정이 겪는 어쩔 수 없는 마음이다. 그러나 지금은 내게 맡겨진 이곳에 소중한 영혼들이 있지 않은가. 이미 정이 많이 들어서 이들을 남겨둔 채 한국으로 가려니까 발걸음이 쉬이 떨어지지 않았다. 더구나 교세도 비슷한 교회였고, 이제 중학생이 되는 아이들의 교육까지 생각해보면 여러모로 혼란스러웠다.

이렇게 혼란스러울 때일수록 가장 필요한 것은 기도임을 믿는다. 선교지에서 순간순간 중요한 판단을 내려야 할 때마다 하나님은 기도를 통해 복잡한 마음을 단순하게 만들어주셨고, 기도 끝에는 반드시 그 열매를 보게 해주셨기 때문이다. 2주간은 초빙 건과 관련해서 따로 이야기하지 않았다. '선명한 응답을 받기 전까지는 어떤 판단도 기도보다 앞서지 말자'라는 생각 때문이었다.

하나님께 모든 일의 결과를 맡겨드리면 하나님은 늘 가장 좋은 쪽으로 인도하셨다. 오직 기도로 물을 때에 이번에도 선명하게 보이시리라고 믿었다. 그로부터 2주 동안 작정기도를 시작했다. 그리고 가정예배를 드리며 아내와 주님이 주신 마음을 나누었다.

"한국으로 가죠. 하나님께서 이번에는 거기로 부르시나봐요."

한국행을 결정한 후, 교인 운영위원회와 교우들에게도 이 사실을 알렸다. 교우들은 충격을 받고 떠나는 것을 만류하셨다. 그러나 교우들도 2주간 함께 기도하면서 하나님의 뜻을 물으셨고, 그들은 결국 하나님의 뜻이라면 보내드려야 한다고 마음을 모아주셨다.

너무 죄송하고 고마웠다. 한국을 떠나온 지 19년 만에 한국으로 돌아가려니 준비할 서류부터 챙길 짐 등 준비해야 할 일이 한두 가지가 아니었다. 분주한 가운데 시간이 갈수록 아쉬움 가득한 성도들의 표정을 보면 죄송스럽고 감사한 마음뿐이었다.

수요일 오후 10시 비행기를 예약했다. 집에서 공항까지 가려면 두 시간 정도 버스를 타고 이동해야 하니까 수요 저녁 예배는 못 드리고 떠나게 되는 일정이었다. 이미 주일에 마지막 예배를 드렸지만 성도들과 마지막 한 번이라도 더 예배를 드리고 싶었다. 그래서 수요일 오전에 마지막 예배를 드리기로 하고, 가능하신 분들은 참석하시도록 말씀드렸다.

마지막 수요일 오전 설교를 준비하며 기도했다. "주님, 오전 시간대라 참석하는 분들은 많이 없을 거예요. 다만 몇 명이라도 함께 예배드릴 수 있게 해주세요." 기도를 마친 후 설교 원고를 챙겨 들고 예배당 문을 열었을 때 예배당 가득 성도들이 앉아 있는 것이 아닌가. 깜짝 놀라 걸음을 뗄 수 없었다.

'아니 어떻게 여기 다 모여 있지? 출근도 해야 하고, 학교도 가야 할 텐데….' 알고 보니 성도들이 다니는 학교와 직장에 휴가를 내고 오전 예배에 참석한 것이다. 강단에 올랐을 때 감격으로 차마 말을 잇지 못했다.

"오늘의 설교 본문은…."

차오르는 눈물을 겨우 삼키며 나는 마지막 설교를 전했다. 목회자를 아껴주는 성도들의 마음이 눈빛을 통해 고스란히 전해졌다. 설교를 마치고, 다 같이 '저 장미꽃 위에 이슬' 찬양을 불렀다. 마지막까지 드려진 예배는 꼭 천국 잔치 같았다. 송사를 낭독하던 집사님도 더 이상 읽지 못하고 한참 눈물만 흘리셨다. 지금도 그 때를 생각하면 과분한 사랑에 눈시울이 붉어진다. 예배를 마치고 성도들과 정성으로 인사를 했다. 그리고 나서 병원으로 향했다. 몸이 아파 교회에 나오지 못한 환우들을 직접 찾아가 마지막 심방을 했다.

사실 공항버스 타기 직전에 아내와 같이 짐을 싸기로 했다. 그러나 아내는 나를 택시에 태워 보내며 이렇게 말했다.

"목사님, 한 영혼이라도 더 만나고 오세요. 그래야 하나님께 기쁨이 되지요."

그렇게 나를 병원으로 보내고, 아내는 오후 내내 아이 셋과 함께 이민 짐을 쌌다. 지금 돌아봐도 참 미안하고 감사하다. 바삐 병원 두세 곳을 돌았다. 성도들을 다 만나고 나니 어느새 날이 저물고 있었다. 다시 버스 정류장으로 달려가 출발 시간 3분을 남겨두고 공항으로 가는 버스에 올랐다. 아내의 옆자리에 앉아 거친 숨을 몰아쉬는데 눈물이 핑 돌았다. '내 인생의 마지막도 이와 같았으면 좋겠다. 마지막 순간까지 한 영혼이라도 더 돕고 주님을 위해 최선을 다하다가 주님 품으로 가면 좋겠다.'

벤추라교회 성도들을 한 명 한 명 떠올리며 나는 19년 만에 돌아가는 한국행 비행기에 몸을 실었다. 2014년 봄이었다.

두려워하지 말라 내가 너와 함께함이라 놀라지 말라 나는 네 하나님이 됨이라 내가 너를 굳세게 하리라 참으로 너를 도와주리라 참으로 나의 의로운 오른손으로 너를 붙들리라 _사 41:10

PART 5

추수할 때가 이르러

01 일 년 전 꿈이 놀라운 현실이 되다

한국에 들어오기 1년 전쯤에 일이다. 사순절 기간이었다. 여느 때와 마찬가지로 우리 부부는 꾸준히 예배당에 들러 기도하고 있었다. 새벽예배를 마치고 집으로 돌아온 어느 날, 아내가 상기된 얼굴로 말했다.

"제가 어제 꿈을 꿨는데, 너무 생생해서 잊히지 않아요."

그러면서 자신이 꾼 꿈 이야기를 들려주었다. 꿈에 한 교회가 나왔는데 로비에 전도지가 잔뜩 쌓여 있어서 전도지를 한 장씩 넘기며 읽어보는데 장마다 역대 목사님의 이름들이 나열되어 있었고, 열 번째 페이지에 '담임목사 최상훈'이라고 쓰여 있었다는 것이다.

"내 이름이? 열 번째에?"

"네! 게다가 교회 구조도 특이했어요. 보통 교회는 들어가면 먼저 예배당이 보이는데, 이 교회는 들어가자마자 유아실이 먼저 나오는 거예요. '유치원을 하는 교회인가?' 싶어 좀 더 교회로 들어가보려고 하다가 그만 꿈에서 깼어요."

이때만 해도 한국에 올 계획이 없었던 때라 그저 평범한 꿈 얘기로 여기며 대수롭지 않게 답했다.

"교육관 리모델링에 너무 집중하다보니 그런 꿈까지 꿨나봐요."

아내도 동의한다는 듯이 고개를 끄덕이며 말했다.

"그런데요, 목사님. 나중에라도 한국에 간다면 꼭 하고 싶은 게 있어요."

"어떤 거요?"

"대학교가 가까운 교회를 섬기면서 학식을 먹을 수 있으면 좋겠어요."

나는 씨익 웃으며 답했다.

"기도해봐요. 언젠가 하나님께서 들어주시지 않겠어요?"

아내의 소박한 소원을 듣고 나는 미소만 화답할 뿐이었다. 그런데 나는 무심코 넘겼지만 아내는 그날부터 매일 소원을 두고 기도했다고 한다. 하나님께서는 막연할지라도 순수한 믿음으로 올려드린 아내의 기도를 기쁘게 받으셨다는 사실을 나중에 알게 되었다. 그리고 기도가 시작된 그 날부터 이미 일을 행하고 계셨던 것이다.

。

꿈 이야기를 나눈 지 약 1년 후, 우리 가족은 한국에 귀국하게 되었다. 정확히는 귀국한 지 이틀밖에 되지 않은 주일이었다. 그날 처음으로 교회에 예배를 드리러 갔다. 그런데 넥타이를 매만지고 있는 나를 아내가 다급히 불렀다.

"목사님! 제가 1년 전에 한국의 교회 꿈을 꿨다고 한 것 기억나세요?"

"교회 꿈? 아, 그 대학교 근처 교회요?"

"그게 여기인 것 같아요. 모든 것이 똑같아요!"

아내가 손가락으로 어딘가를 가리켰다. 거기에 아이들 몇 명이 모여 있는 작은 유아실이 보였다. '맞아, 들어가자마자 유아실이 먼저 있는 교회.' 아내의 꿈 이야기가 희미하게 떠올랐다. 더 놀라운 사실은 교회 주차장과 세종대학교가 아주 가까이 붙어 있었다. '대학교와 가까운 교회.' 정말 아내가 품었던 소박한 소원이 이루어진 걸까? 나와 아내는 놀란 눈으로 서로를 바라보았다. 로비에 쌓인 주보지에는 "화양교회 제10대 담임목사 최상훈"이라고 선명히 적혀 있었다. 아내의 꿈 그대로였다.

"주님! 주님이 이곳으로 인도하셨군요!"

한국에 갈 생각이 전혀 없었던 1년 전 어느 날, 벤추라에서 아침을 먹으며 가볍게 나누었던 대화, 그 꿈의 장면들이 그대로 이루어진 것이다. 심지어 '열 번째 목사'라는 사실까지 말이다. 온몸에 전율이 흘렀다. 누가 들으면 신비적인 사람이라고 오해할까봐 쉽게 꺼내지 못할 이야기이다. 그러나 바로 그 자리에 서 있는 나와 아내는 확신했다. 이 모든 것이 너무나 분명하고 세심한 하나님의 역사하심이었다. 눈앞에 펼쳐진 기도 응답의 현장 앞에서 주님의 섬세하신 은혜 하나하나에 눈시울이 붉어졌다.

'하나님이 1년 전부터 다 예비해놓으셨구나. 하나님께서 함께하고 계시는구나. 내가 벤추라에서 이곳으로 옮겨진 것도 다 그분의 뜻과 계획이 있으시겠구나.' 일점일획도 틀림이 없으신 주님, 그 하나님의 놀라운 일하심을 보며 감사하지 않을 수 없었다.

다시 가슴이 설레기 시작했다. 주님은 선하시며 선하신 주님은 기도를 잊지 않으시고 선한 방법으로 인도하신다. 그날 이후 이곳에서 하나님이 어떤 일들을 이루어 가실지 기대하는 마음으로, 더욱 기도에 힘쓰게 되었다. 그리고 먼 훗날, 이곳이 하나님께서 오래전부터 준비하신 청년 부흥의 시작이었음을 깨닫게 된다.

내가 사자를 네 앞서 보내어 길에서 너를 보호하여 너를 내가 예비한 곳

에 이르게 하리니 _출 23:20

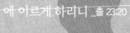

02 루틴을 넘어 체질이 될 때까지

담임목사로 부임한 설렘도 잠시, 느껴지는 교회 분위기는 다소 답답했다. 성도 간의 분위기는 경직되어 있었고, 찬양이나 예배도 영적으로 풀어지지 않은 듯했다. 무언가 돌파되어야 할 것 같은 답답함이 느껴졌다. 예배 시간에 설교하러 강단에 서면 설교 내내 표정이 굳어져 있는 성도들이 적지 않았다.

나중에 알게 된 사실은 오래전 교회가 분열되는 아픔이 있었고, 그 일을 계기로 많은 교인이 교회를 옮겼다고 한다. 남겨진 성도들 또한 상처의 골이 깊었고, 목회자에 대한 신뢰도 많이 떨어져 있었다. 기대감을 가지고 시작한 한국에서 맞닥뜨린 예상치 못한 분위기에 나는 당황스러웠다.

그러나 한 가지는 분명했다. 굳게 닫힌 성도들의 마음 문을 열 수 있는 결정적인 방법은 기도뿐이라는 것이다. 19년의 선교 사역을 통해 성도 한 명의 마음을 돌리기 위한 열쇠는 '충분한 기도'밖에 없다는 것을 알게 하셨다. 나는 한 영혼도 포기하지 않고 인내함으로 기도의 자리에 머무르면 하나님의 때에 반드시 축복하신다는 사실을 의심 없이 믿었다.

첫 예배를 드린 다음 날부터 나와 아내는 하루에 열 번씩 교회와 집에서 예배를 드렸다. 찬양을 부르고, 통성으로 기도하고, 말씀도 묵상하면서 그렇게 한 달 내내 시간을 정하고 그 시간에는 온전히 예배에만 집중했다. 한 번 예배를 드릴 때마다 20분씩, 그렇게 총 열 번의 예배를 드리면 하루에 최소 3시간이 소요되었다. 때로는 잠을 줄여가며 밥 먹는 시간도 아껴 예배드리는 날이 있었다. 물론 처음에는 어려웠다. 교회에서 해야 할 일도 산더미라 일 처리만으로도 일주일이 모자랐다.

그러나 아무리 피곤해도 엉금엉금 기어서라도 예배의 자리에 나아가려 했던 것은, 예배하는 자를 찾으시는 하나님의 마음을 알기 때문이었다. 하나님께서는 찾아오셔서 그냥 보기만 하는 것이 아니라 복을 주시고, 은혜를 베푸시며, 평강 주시기를 원하신다. 나는 그 사실을 분명히 믿었다. 내 영이 먼저 예배를 회복해야 교회의 예배도 살아난다고 생각했다.

매일같이 세 시간 이상 예배를 드리다보면 육의 피곤함이 몰려올 때도 있었다. 그러나 그것도 잠시 예배를 드리고 나면 영적으로 새로운 힘이 부어져 다시 사역에 임할 수 있었다. 한 달 동안 매일 드려진 열 번의 예배를 하나님께서는 기쁘게 받아주셨고, 날이 갈수록 내 성품이 변화되는 것을 느꼈다.

하나님께서 부어주시지 않으면, 결코 나의 노력이나 의지로는 얻을 수 없는 겸손하고 온유한 예수님의 성품이 매일의 예배에 부어지는 것 같았다. 예배를 통해 나부터 성령이 충만해지니 자연스레 성령의 열매가 드러나는 것이다. 그뿐만 아니라 내가 받은 은혜가 자연스럽게 교회에 퍼져가면서 은혜의 물결이 점점 성도들 개개인에게 흘러가기 시작했다.

。

담임목사로 부임한 직후 교회에 내건 표어는 기도에 관한 내용이었다. "1시간 기도하면 시험을 이기고, 2시간 기도하면 능력을 받고 3시간 기도하면 크게 쓰임 받는다."

오래전 알래스카에 오셨던 강사님께서 말씀하신 문구인데, 당시 나에게도 깊은 감동을 주었다. 시선이 집중되도록 포스터로 만들어 예배당 전면에 잘 보이게 걸어두었다. 설교 시간에도 성도들의 시선이 자연스레 전면에 붙여진 포스터로 가게 된다. 성도들에게 일단 '기도'가 각인되어 기도의 자리까지 나아가기만 하면, 그때부터는 하나님께서 일하실 것이다. 내가 할 수 있는 것은 그 기도의 자리에 가는 것을 독려하는 일이었다.

가장 먼저 '예배 전 중보기도회'를 만들었다. 선교지에서 교회를 개척할 때마다 수없이 강조해온 예배 전 기도의 중요성은 여기서도 예외가 없었다. 장년부터 청년까지 모든 예배의 시작전에는 반드시 중보기도를 하도록 했다. 예배위원들 역시 잠시라도 함께 모여 통성으로 기도하며 예배를 위해 중보했다. 예배를 섬기는 사람부터 성령으로 충만해야 그 은혜가 예배를 드리는 성도들에게 흘러가기 때문이었다.

각자 앉아서 기도만 했을 뿐인데, 오전 주일예배의 분위기부터 달라지기 시작했다. 눈물 콧물을 쏟는 성도들이 늘어갔다. 한 성도가 예배를 마치고 나가면서 내게 이렇게 말하기도 했다.

"목사님, 요즘 매주 예배가 수련회 같아요!"

또한 누가 언제 시작했는지 모르는 휴지 섬김이 생겨났다. 예배가 시작되기 전에 누군가 휴지를 의자 뒤편에 놓아두었다. 그러면 너도나도 그 휴지를 서너 장씩 뽑아서 자리에 앉았다. 예배가 끝나도 바로 집에 가지 않고 그 자리에 머물러 기도하는 성도들이 많아졌다. 마치 물방울들이 모여 구름이 되고 비가 되는 것처럼 기도의 방울들이 모이고 모여 은혜의 단비가 부어지는 것 같았다.

이 기도의 열기가 일시적으로 끝나지 않기를 바라는 마음에서 나는 '기도통장운동'을 시작했다. 헌금은 주머니 사정에 따라 마음껏 드리기 어려울 때도 있다. 하지만 기도는 마음만 먹으면 누구나 드릴 수 있지 않을까 하는 생각에서 시작된 것이

255

다. 단지 교회의 부흥을 위해서만은 아니었다. 지금까지 선교지에서 내가 만난 하나님, 나와 함께하시고 나를 보호하신 하나님에 대한 신뢰의 표현이 바로 충분한 기도임을 깨달았기 때문이다. 사랑하는 성도들도 기도를 통해 이 은혜를 함께 누렸으면 하는 절실한 마음으로 이 운동을 시작하게 되었다.

전 교인들에게 통장을 만들어주고 1분에 만 원씩, 마치 돈을 예금하는 것처럼 기도한 시간을 통장에 직접 적게 하였다. 하나님이 기뻐하시는 기도는 절대 없어지지 않는다는 이 운동의 의미를 강조하여 설명해주었다. 휴지는 휴지통에 넣고 서류는 서류함에 넣듯, 금향로에 기도가 담긴다는 것은 하나님께서 우리의 기도를 금처럼 귀하게 여기신다는 뜻이다. 이 사실에 대한 믿음이 굳게 있었다.

하늘나라 통장에 기도가 쌓여간다는 의미에서 시작된 이 운동은 벌써 7년째 진행되고 있다. 이를 통해 성도들은 누가 시켜서가 아니라 자연스럽게, 자발적으로 올려드리는 기도가 생활화되는 결정적인 계기가 되었다. 자연스레 기도하는 분위기가 잡히자 교회는 더 깊은 은혜를 경험하게 되었다. 쌓인 기도는 반드시 응답으로 이 땅에 쏟아진다는 것을 실제적으로 경험하고 나면 자연스럽게 더욱 촘촘히, 더 많이 기도하게 된다.

누군가는 기도의 양이 중요하지 않다고 말한다. 맞다. 중심

없이 시간의 양만 많은 기도는 소용이 없을 수도 있다. 그러나 중심을 드리며 기도한다면 기도는 많이 드리면 드릴수록 주님을 기쁘시게 한다. 더 신기한 것은 한자리에 머무르며 기도를 오래 하다보면 중심으로 더욱 주님께 집중하게 되는 현상이 일어났다.

지금도 나는 10분이라도 더 기도하려고 노력한다. 죽음의 문턱을 넘는 선교의 삶을 통해서 기도가 얼마나 중요한지 알게 되었고, 그렇게 여기까지 인도함을 받았기 때문이다. 혹 기도하는 법을 몰라 막막하거나 어색한 분들이 있다면 그냥 교회에 와서 앉아 있기만 하라고 권유한다. 눈을 떠도 되고 묵상기도만 해도 된다. 언제나 부담 없이 아버지의 집을 찾으라. "주님, 저 왔어요" 하며 나지막이 마음을 내려놓는 곳, 주님을 대면하는 그 기도의 현장에서 삶의 변화는 시작된다.

천사가 향로를 가지고 제단의 불을 담아다가 땅에 쏟으매 우레와 음성과 번개와 지진이 나더라 _계 8:5

03 부흥의 조짐은 기도의 현장에서부터

나의 목양실 구석에는 낡고 해진 기도 방석이 하나 있다. 언뜻 보기에 평범한 방석 같지만, 5년 전 소천하신 아버지의 기도가 쌓인 방석이다. 아버지는 한마디로 '기도하는 사람'이다. 아무리 목회자라고 해도 사람이기에 교회에서 보는 모습과 집에서 보는 모습이 다를 수도 있는데 아버지는 늘 한결같으셨다. 이것이 내가 아버지를 존경하는 이유이자 아버지를 내 삶의 롤모델로 삼은 결정적인 계기이다.

아버지는 오히려 집에서 더 많이 기도하셨다. 어릴 때 새벽에 잠에서 깨어 화장실에 가려고 하다보면 창고 같은 골방에서 엎드려 기도하는 아버지를 볼 수 있었다. 매번 보던 그 장면이 오래도록 기억에 남아 '나도 아버지처럼 기도하는 사람이 되어야지'라는 생각을 어릴 때부터 했던 것 같다.

아버지의 기도 방석은 너무 낡아서 한쪽이 푹 꺼져 있다. 나는 매일 그 위에 무릎을 꿇고 앉아 두 손을 모은다. 그리고 주님을 높여드리는 기도로 하루를 연다.

'주님, 감사합니다.' 먼저는 감사의 제목을 하나하나 소리 내어 고백한다. 감사가 감사를 끌어당기는 영적인 원리가 작동됨을 분명히 믿기 때문이다. '주님, 사랑합니다.' 주님을 향한 사랑의 고백을 열 번 정도 하면 마음이 차분해지고 주님의 사랑이 더 부어지는 것이 느껴진다. 그러면 평안한 마음으로 하루를 시작할 수 있다. 또한 기도할 때는 하나님께서 이 자리에 계신다는 사실을 믿음으로 고백하며, 그분을 대면하는 마음으로 기도를 올려드린다.

그다음부터 중보기도를 한다. 나를 포함한 목회자와 성도들, 환자들을 위해, 교회를 섬기는 사역자들과 예배를 위해, 교단과 나라와 민족을 위해 구체적으로 기도한다. 이렇게 한 시간 기도를 하면 내가 먼저 영적으로 충전받게 된다. 기도를 통해 공급받는 동력이 있어야, 하루의 사역을 넉넉히 감당할 힘이 생기기 때문이다. 사람의 힘으로 버티는 사역은 언젠가 지치기 마련이다.

°

나의 이 출근 루틴을 모든 사역자에게도 똑같이 적용했다. 한국에 도착해서 이삿짐도 다 풀지 못하고 출근한 사역 첫날, 이제 막 통성명을 마친 사역자들에게 나는 분명하게 말했다.

"오늘부터 우리는 모든 사역 이전에 먼저 함께 모여 기도하는 시간을 갖겠습니다."

사역자 기도회를 정착시키는 데만 두 달 정도 걸렸다. 물론 묵상기도도 중요하지만 먼저 통성으로 기도하는 훈련을 했다. 소리가 열려 간절함을 쏟아낼 수 있는 준비가 되어야 묵상기도도 깊이 있게 할 수 있다고 믿었기 때문이다. 처음에는 소리 내어 기도하는 분위기가 아니어서 그런지 다들 어색해하는 눈치였다. 그러나 그렇게 한 달 정도 지속한 결과, 기도 소리가 자연스럽게 커졌다.

통성기도는 결의에 차서 비장하고 엄숙하게 소리만 지르는 그런 기도가 아니다. 진짜 통성기도는 도리어 기쁨에 차서 믿음을 가지고 확신으로 부르짖는 기도이다. 이러한 밝음이 가득한 통성기도가 안정적으로 정착되자 너도나도 통성기도에 열을 올리기 시작했다. 여기저기서 울려 퍼지는 기도 소리는 하루를 선명하게 열어주었다.

부임한 지 한 달 정도 지나자 더욱 전심으로 하나님께 부르짖는 기도 소리가 많아졌다. 하루는 기도하다가 중직들이 함께 중보기도를 했으면 좋겠다는 마음의 감동이 왔다. 그래서 장로님들이 다 모인 자리에서 특별히 부탁을 드렸다.

"제가 설교하는 시간 동안 기도해주셨으면 좋겠습니다."

당시 1,2부로 나누어 예배를 드렸는데, 1부는 대부분 교육부를 섬기는 교사들이나 예배 스텝들이 참석했고, 사역으로 섬기지 않는 성도들은 대부분 2부 예배를 드렸다. 그러니까 11시 예배 대신 9시 예배를 드리고, 11시 예배 시간에는 말씀을 전하는 목사를 위해 기도해달라고 부탁드린 것이다. 내 말이 끝나자 다들 웅성웅성했다. 그러나 나는 다시 한번 정중히 마음을 전했다.

"장로님들의 중보기도가 예배를 살릴 수 있습니다."

나는 중보기도만이 예배를 살릴 결정적인 방법이라고 확신했다. 감사하게도 장로님들도 교회를 살려야겠다고 마음을 모아 순종하기로 결단했고, 숫자가 적지 않아 몇 명씩 조를 짜서 릴레이로 돌아가며 예배 시간 내내 나를 위해 기도해주셨다.

당시 교회는 분쟁이 많아 어수선했다. 초반에 설교할 때는 말씀을 전하면서도 경직된 분위기 때문에 어찌할 바를 모르던 순간들이 있었다. 그런데 장로님들이 중보기도회를 시작한 이후로 굳어진 분위기를 느끼려는 찰나에 기도 중인 장로님들의 이미지가 눈앞에 스쳐 지나갔다. 그런 장면이 그려지면 어디선가 알 수 없는 힘이 샘솟아 다시 담대히 말씀을 전할 수 있게 되었다.

예배 중 기도회를 시작하면서 오버랩이 되어 떠올랐던 것은 아프리카에서 권총 강도를 만났을 때, 한국에서 나를 위해 기도해준 사건이었다. 그때에도 지금도 비록 장소가 다르더라도 동시에 기도하는 힘은 공간을 초월하여 역사한다고 확신한다. 한국에서 올려드린 중보기도가 같은 시각 아프리카에서 응답되었듯이, 예배 시간에 나를 위해 기도해주신 장로님들의 중보가 설교를 전하는 내게 능력으로 나타났듯이, 공간을 초월하는 성령님의 역사하심은 중보기도를 통해 더욱 분명하게 일어난다는 것을 수차례 경험해왔다.

그뿐만 아니라 일단 중보기도를 하면 중보하는 대상을 사랑하고 신뢰하게 된다. 장로님들이 나를 위해 기도하신 이후부터 목회자에 대한 애정과 신뢰가 쌓여간다는 것을 달라진 표정에서부터 느낄 수 있었다. 또한 기도의 응답은 점차 성도들에게까지 퍼져갔으며 이 기도회를 기점으로 성령님의 임재가 폭발적으로 임하기 시작했다. 이것이 화양교회 부흥의 가장 결정적인 계기였다.

예배 전에 하던 회의도 전부 기도회로 바꾸었다. 사사로운 이야기를 하거나 특정 주제로 의견을 나누기보다는 성령님의 임재를 구하는 예배 전 기도회와 기도의 시간을 더 늘려갔다. 이렇게 해서 생겨난 기도회가 지금은 어머니기도회, 여리고기도회, 금요치유기도회, 예배전기도회 등 더 많은 기도회로 부흥했다. 교회가 온통 기도로 뒤덮였고, 성령님이 이끄시는 놀라운 부흥의 역사도 같이 일어났다.

부흥의 비결은 다른 특별한 노하우에 있지 않았다. 부흥의 비결은 부흥의 환경을 만들어주는 데 있으며, 그 열쇠가 바로 기도였던 것이다.

너희가 내게 부르짖으며 내게 와서 기도하면 내가 너희들의 기도를 들을 것이요 _렘 29:12

04 15명으로 시작된 청년교회

부임한 첫 주, 청년예배 출석 인원은 15명이었다. 2시에 청년예배가 시작되는데 시간이 다 되어도 청년들은 예배 준비는커녕 서로 이야기하거나 다른 일을 하고 있었다. 나는 어수선한 분위기에 조금 당황스러웠지만 "얘들아, 이제 찬양하자. 예배드리자" 하며 겨우 분위기를 정돈한 후 예배를 시작했다.

설교 시간에 강단에서 청년들의 얼굴을 처음 마주했을 때, 그들의 눈빛에는 은혜받고자 하는 간절함이 없어 보였다. 게다가 축도가 끝나자마자 우르르 교회 밖으로 나서는 청년들이 보였다. 그날 저녁, 나는 텅 빈 교회에 혼자 앉아 기도했다. 청년들의 무미건조한 표정들이 떠올라 쉽게 자리를 뜰 수 없었기 때문이다. 아버지의 마음이 이런 걸까? 그저 애통하고 안타까울 따름이었다.

어제 처음 전달받은 청년부 명단 파일을 열어 직접 이름을 불러가며 중보기도했다. 어떻게 해도 답답한 마음이 가시지 않아 한참을 기도했다. 가슴을 치며 기도하는데, 하나님께서 세

가지 감동을 부어주셨다.

첫째, 청년들의 마음에 기도의 불을 붙여라. 둘째, 청년들이 하나님 자녀의 정체성을 알게 하라. 셋째, 청년부를 청년교회로 독립시켜 자생할 수 있는 능력을 키워라. 느낌이나 감정이 아니라 선명하고 강한 감동이었다.

일주일 동안 기도할 때마다 동일한 마음이 부어졌다. 하나님의 뜻에 순종하려면 어떻게 해야 할지 구체적으로 방법을 구하던 중 주신 지혜는 먼저 기도를 심는 것이었다. 당시 교회 근처에는 청년들이 가득한 두 캠퍼스, 건국대학교와 세종대학교가 있었다. 마침 교회에 출석하던 15명의 청년 중 건국대학교에 두 명, 세종대학교에 두 명이 재학 중이라는 사실을 듣게 되었다. '이 친구들을 데리고 대학교에 직접 가서 기도를 심어야겠다'라고 결심했다.

알래스카주립대학에서도 매일 새벽예배가 끝난 후 학교로 달려가 기도를 심었을 때 청년부흥을 주셨듯이, 매일 대학교 한복판에서 기도를 심으면 하나님께서 반드시 역사하실 것이라는 믿음이 있었다. 나는 한참 개강 준비로 바쁜 학생들을 불러모으고 말했다.

"애들아, 우리가 새벽예배 끝나면 건국대랑 세종대에 번갈아가면서 모여 기도를 하려고 하는데, 시간 좀 낼 수 있겠니?"

처음에는 다들 시큰둥한 반응이었다. 이때다 싶어 히든카드를 내밀었다.

"끝나고 햄버거 먹으러 갈까?"

청년들의 눈빛이 살짝 흔들렸다. 작전에 성공한 듯했다. 청년들과 만남을 약속한 당일, 새벽예배를 마치자마자 먼저 건국대학교로 향했다. 너무 이른 시간이었는지 강의실마다 문이 굳게 닫혀 있었다. 문을 하나씩 밀어보다가 겨우 열린 강의실 한 곳을 찾아 들어갔다. 그리고 세 명이 바로 기도를 시작했다. 나는 기도를 쌓으면 하나님의 때에 반드시 열어주신다는 믿음으로 기도했다.

다음날 새벽, 평소보다 더 피곤함이 느껴졌다. 그래도 힘을 내어 새벽예배 후 이번에는 세종대학교로 향했다. 전날과 마찬가지로 강의실 중 열린 곳으로 들어가 청년들과 기도를 시작했다. 이렇게 매일 새벽예배 후 건국대에서 한 번, 세종대에서 한 번, 번갈아가며 기도를 쌓았다. 기도가 쌓일수록 하나님께서 이 기도를 통해 청년들의 마음에 불을 지필 것이란 확신을 갖게 하셨다. 아직 아무것도 달라진 것이 없지만, 쌓인 기도에 대한 믿음이 생기니 기대와 설렘이 더 커졌다.

얼마 후 청년들과 함께 매일 노방전도를 나가기 시작했다. 하나님께서 응답하신다는 확신이 굳건하니 전도하면서 영혼들을 만나는 일에 기쁨이 넘쳤다. 한창 청년들이 몰려오던 시기에 이런 말들도 했다. "교회가 대학 근처에 있으니 당연히 청년이 많이 모이겠죠." 그러나 현실적으로는 그렇지 않았다. 당시 우리 교회 청년 인원이 15명이었다. 정해놓은 예배 시간이 지났는데도 예배를 시작하지 않고, 못다 한 수다를 나누는 청년들의 모임이었다. 이런 분위기인데 누가 와서 자발적으로 등록을 할 수 있을까? 게다가 청년들이 수천 명 모이는 초대형 교회가 우리 교회에서 불과 20분 거리 안에 서너 군데나 있다. 그런 교회들을 두고 굳이 우리 교회에 찾아올 이유는 없었을 것이다.

교회의 역사는 60년이 넘었지만, 건물 자체가 오래되어서 해마다 보수 공사를 해야만 했다. 장마 때는 여러 군데에서 비가 새서 업체를 부르고 수리하기 바빴다. 이렇게 열악한 상황이다 보니 새로운 교회를 찾는 청년들이라면 청년이 많이 모인 곳, 시설이 좋은 교회로 가지 않겠는가? 조건만 보면 굳이 우리 교회에 올 만한 이유가 없었다. 그래서 더욱 내가 할 수 있는 것은 오직 기도뿐이었다.

그런데 놀랍게도 하나님께서는 우리가 쌓아온 그 기도를 통해서 일하기 시작하셨다. 매일 하루 열 번씩 기도와 예배드리기를 한 달 동안 반복했다. 그로부터 3개월 후, 15명이 모이는 청년교회에 새 가족이 찾아오기 시작했다. 그들은 무엇을 보고 찾아온 것일까? 지금도 의아하고 신기한 하나님의 섭리였다.

。

하나님께서 부어주신 또 하나의 감동대로 청년교회를 독립 시키기로 결정했다. 중요한 것은 과연 청년들이 이 사실을 받아들일까 하는 것이었다. 먼저 청년 임원단을 한자리에 불러 모으고 말했다.

"목사님이 청년교회를 재정과 행정적으로 완전히 독립시키려고 하는데, 이제부터 청년교회 스스로 자생할 수 있도록 만들어가는 것은 어떻겠니?"

주보를 만드는 것부터 시작해서 예배 준비까지 신경 쓸 일이 정말 많을 텐데 과연 청년들은 이것을 받아들일 수 있을지 내심 마음이 쓰였다. 그런데 충격적인 답변이 돌아왔다.

"저희도 좀 생각해보겠습니다."

생각해보겠다니 그것만으로도 다행이다 싶었다. 나는 조용히 자리를 떠나 목양실로 돌아왔다. 더 이상 청년들에게 강요하기보다 하나님께서 일하시도록 맡겨드렸다. 강제적인 지시가 아닌, 스스로 담임목사에게 순종하려는 마음, 또 목회자의 본심을 깨닫는 마음을 부어주시도록 기도로 하나님께 아뢰었다. 한 달 뒤 청년 임원들이 목양실로 다시 찾아와 말씀대로 하겠다고 전해왔다.

청년들이 그렇게 할 수 있었던 것은, 어쩌면 한 달을 지내보며 '목사님이 우리를 사랑하시는구나'라는 생각이 들었기 때문에 내린 결정이 아니었을까? '이분을 한번 믿어볼까?' 하는 마음으로 내린 결정이 아닐까?

그다음 다시 주일이 찾아왔다. 당장 2시 예배 시간이 코앞인데 아직도 불이 다 꺼져 있었다. 이때부터 나의 애정 어린 잔소리가 시작되었다. 불 다 켜고, 준비기도 먼저 하고, 찬양도 하나님을 높이는 찬양 위주로 바꾸고, 찬양 중간에 멘트는 가급적 짧게, 개인적인 이야기를 삼가고 하나님 앞에 올려드리는 멘트로, 예배 중간에 꼭 통성기도를 하고 등등. 당황스러울 법한 요구들이지만 하나하나 순종해가는 것을 보면서 나를 신뢰하는 것이 느껴졌다.

순종 뒤에는 반드시 부흥의 역사가 일어난다. 청년들이 순종함으로 반응하자 그들의 마음속에 점점 부흥에 대한 열정이 생겨났다. 하루는 청년 임원들이 스스로 목양실 문을 두드렸다. 자신들이 디자인하고 문구도 새긴 전도지를 만들어서 자랑스럽게 보여주었다. 정말 예쁘고 잘 만들었지만 무엇보다 스스로 전도하겠다고 마음먹은 결단이 얼마나 기특하고 자랑스러웠는지 모른다. 어떻게든 돕고 싶은 마음이었다. 그런 나의 마음을 읽었는지 청년들 역시 조심스레 물었다.

"목사님, 저희가 아직 재정이 없는데, 인쇄 비용만 재정부에 청구해도 될까요?"

출석 인원이 스무 명이 채 안 되던 때였을 때 청년교회 재정으로 독립되다보니 매주 모이는 헌금이 2-3만 원에 그치던 시절이었다. 그들의 부족한 사정을 잘 알기에 "물론이지"라는 말이 목 끝까지 차올랐다. 게다가 다른 일도 아니고 전도하겠다는데 격려 차원에서라도 도울 수 있다고 생각할 수 있다. 그러나 그것은 기도로 세운 원칙에 위배되는 일이었다. 나는 청년들에게 양해를 구했다.

"안타깝지만, 재정적인 부분 역시 청년들이 자체적으로 해결했으면 좋겠다."

잠시 정적이 흘렀다. 그 찰나의 침묵 속에 융통성 없는 담임목사를 향한 서운함이 담긴 듯했다. 서운할 만하다. 그래도 어쩔 수 없는 결정이었다.

"청년교회가 독립하여 자생하길 진심으로 바란다."

진심을 꾹꾹 눌러 담은 말이었다. 지금은 한 번이지만, 이 한 번이 만들어낼 많은 예외와 빈틈을 없애야 진정한 자생이 이루어질 것이다. 청년들은 애정 어린 내 눈빛을 보며 "알겠습니다, 목사님" 하고 돌아갔다. 내 진심이 청년들에게 잘 전달되

없는지 그날 이후로 청년교회는 한 번도 재정적인 요청을 하지 않았다.

하나님께서는 이때부터 많은 청년을 교회로 불러주셨다. 기존 회원이던 청년들은 앞다투어 교회의 체계를 만들어갔다. 초반에는 불평과 잡음이 많았다고 한다. 그때마다 기도로 마음을 모으고 한몸으로 연합하기를 더욱 힘썼다. 주님 안에서 마음까지 하나가 되자 불평했던 청년들도 리더로 세워지고 봉사에 앞장서며 하나님의 일에 쓰임 받게 되었다.

。

그렇게 세워진 청년교회가 올해로 창립 8주년을 맞이했다. '인터치' 청년교회는 15명의 청년으로 시작하여 올해 재적 900여 명이 되었다. 청년 한 명이 귀하다는 이 시대에 거의 매주 새 가족이 등록하고 있다. 그것은 설교나 어떤 프로그램 때문도 아니다. 오직 기도의 결과이다. 기도는 절대 없어지지 않는다는 것을 나는 단호하게 말할 수 있다. 비록 내가 기대한 때와 조금 다르다 할지라도 기도는 반드시 응답된다. 나는 이 믿음으로 낙심할 만한 상황이 벌어져도 기도 줄을 꼭 붙들었다. 기도보다 앞서지 않고 주님께 모두 맡겨드린 결과, 성령님의 'in-touch' 심령을 만지시는 역사가 청년교회 가운데 일어나고 있는 것이다.

현재 70명이 넘는 임원들로 탄탄하게 세워진 인터치 청년교회는 계속해서 자발적으로 움직이고 있다. 물이 한 곳에 고여 썩지 않도록 계속 흘려보내는 것처럼 기도에만 멈추지 않고 국내선교, 국외선교, 지역봉사, 연탄봉사, 소록도봉사, 양로원봉사, 농촌활동에 이르기까지 선한 영향력을 흘려보내고 있다. 기도를 쌓아 나아갈 때, 주님의 교회는 더욱 견고히 세워진다. 놀라운 부흥의 비결은 오직 기도뿐이다.

주의 권능의 날에 주의 백성이 거룩한 옷을 입고 즐거이 헌신하니 새벽 이슬 같은 주의 청년들이 주께 나오는도다 _시 110:3

청년들의 기도가 점점 풍성해지자 그 결과가 선교에 대한 열정으로 나타났다. 기도가 풍성해지니 물방울이 모여 시냇물을 이루고 시냇물이 모여 강을 이루고 강물이 모여 바다로 흘러가듯이 자연스럽게 선교와 구제의 영역으로 흘러가는 것을 볼 수 있었다.

2019년 4월, 선착순 40명으로 모집된 베트남 청년 단기 선교팀이 구성되었다. 석 달이 넘는 기간 동안 열심히 베트남 언어를 공부하고 그곳 영혼들을 위한 특별 프로그램, 공연 등을 준비했다. 그러나 그곳의 영적 분위기를 장악할 결정적인 동력은 결국 기도의 힘이라는 것을 우리는 잘 알고 있었다.

실질적인 준비에 만반을 기하면서도 이 때문에 기도의 비중이 줄어들지 않도록 했다. 합심기도를 통해 은혜 안에 거할 때 프로그램을 준비하는 표정과 분위기도 밝아지고 더욱 열정적으로 임하게 되어 기쁨으로 선교를 준비할 수 있었다.

∘

드디어 선교 첫날이다. 첫째 날 일정은 이제 막 개척된 교회에서 첫 여름성경학교를 진행하는 것이었다. 청년들은 드디어 석 달 가까이 정성으로 준비한 공연과 프로그램을 하게 되어 기대감에 부풀었다. 목적지는 '동티엔'이라는 곳이었다. 이곳은 호치민공항에서 4시간은 더 들어가야 나오는 아주 외진 산족마을이었다. 일부 가정을 직접 방문해보니 집집마다 집신, 우상들을 하나씩 두고 섬기고 있었다. 산족마을이라서 다른 지역보다 더 토속신앙에 지배되어 있음을 알 수 있었다.

사실 외교부 사이트에서 베트남을 검색해볼 때 '여행 유의' 또는 '여행 자제' 지역으로 나와 있지는 않다. 공산주의 국가이긴 하지만 종교 활동 허가서만 있으면 교회 안에서 복음을 전하는 데 전혀 문제가 없는 나라다. 현지 선교사님도 사역 기간 동안 한 번도 문제가 생긴 적이 없었기 때문에 종교 허가서만 받아오라고 했다. 그런데 나름 보증서라고 가져간 종교 허가서가 그저 종이 한 장에 불과하다는 것을 그때는 미처 알지 못했다.

마을에 도착하자마자 청년들은 기도 시간을 가졌다. 우리 교회의 청년들은 언제 어디에 가든지 기도를 가장 열심히 한다. 현지에서도 선교사님의 허락을 받고 뜨겁게 통성으로 기도했다. 그런데 뜻밖의 상황이 벌어졌다. 주민들의 신고로 베트남 공안이 찾아와 모든 선교 활동들을 중단시킨 것이다. 출동한 지역 종교경찰은 우리가 함께 예배드리고 기도한 것을 문제 삼아 모든 여권을 압수하고 선교 팀원 전원을 강제로 버스에 태웠다. 호치민이나 다낭과 같은 큰 도시는 이런 종교 모임이 문제가 되지 않지만, 외진 산족마을은 경우가 다르다는 것을 나중에 알았다.

이곳은 지역마다 배정된 종교 담당 공안이 어떻게 결정하느냐에 따라 국가가 세운 종교법까지 무용지물이 될 만큼 강한 권력이 작용했다. 청년 담당 목사는 작고 비좁은 심문실로 불려가고 선교팀은 그대로 버스에 남게 되었다. 젊은 여성 목사가 청년들을 이끌고 처음 방문한 나라에서 당하는 예상치 못한 심문이라니 얼마나 두려웠을까.

베트남 공안은 심문실에서 다음과 같은 조건을 제시했다고 한다. 팀원 40명 모두 풀려나기를 원한다면 1인당 1천 달러, 총 40명이니 4만 달러를 벌금으로 내놓으라는 것이었다. 한화로 약 5천만 원에 달하는 엄청난 돈이었다. 정말 말도 안 되는 상황이지만, 그 산족마을에서는 이미 법이 통하지 않았다. 선교가 끝나면 직장에 출근해야 하는 청년들, 각자 일상으로 돌아가야 하는 청년들이 대부분인데 여권을 빼앗기고 눈앞이 캄캄했을 것이다.

나는 청년들보다 하루 늦게 호치민에 도착했다. 공항에 도착해서 바로 현지 유심칩으로 바꾸고 휴대폰을 켰을 때 청천벽력 같은 문자메시지가 빗발쳤다. 지금도 정말 놀라운 사실은 청년 담당 목사와 나만 현지 유심칩을 사용하기로 했다는 점이다.

공안에서 심문실에 들어갔을 때 다행히 유일한 통신수단인 휴대폰을 압수하지 않았다. 청년 담당 목사도 현지 유심을 낀 덕에 심문 중에도 내게 연락할 수 있었고 자세한 상황을 보고한 것이다. 그것이 놀라운 하나님의 은혜이다.

나는 청년 담당 목사로부터 전달받은 소식을 실시간으로 한국에 있는 교인들에게 전하고 중보기도를 요청했다. 하나님은 어떤 경우에도 기도할 수 있는 통로를 열어놓으시고 그곳으로 우리를 이끌기 원하셨다. 그리고 그 기도를 통하여 하나님의 일하심을 보여주셨다.

그 당시 나는 아직 일정이 남아 있어서 동티엔 마을로 들어가지 못하고 호치민에 남아 있었지만, 모든 소식을 전해 듣고 주님께 기도했다. 하나님께서는 아무리 두렵고 어려운 상황이라도 상황에 마음을 빼앗기지 말고, 오직 말씀에 마음과 행동을 정렬시키는 것, 그것이 가장 강력한 힘이자 문제해결의 열쇠가 된다는 감동을 부어주셨다.

'그렇다. 지금 우리에게 가장 필요한 것은 기도하는 것이다.'

즉시 카톡으로 전 교인에게 현재 상황을 설명하며 중보기도를 요청하는 메시지를 보냈다.

"전 교인에게 기도를 요청합니다. 지금 여러분의 기도가 절실히 필요합니다. 기도는 모든 문제를 푸는 가장 강력한 열쇠임을 믿습니다. 비록 여권이 모두 압수되었고 벌금을 낼 때까지 풀어주지 않겠다고 하지만, 하나님은 이 모든 상황을 감사와 영광으로 바꾸어주실 것을 믿습니다. 이 치열한 영적 전쟁 가운데 무엇보다 기도의 지원이 필요합니다. 그들의 마음을 바꾸어달라고 주님께 합심하여 기도합시다. 지금 있는 처소에서 화양교회 성도님들 모두 기도해주시기를 바랍니다."

그 시각 한국에서는 전 성도가 본당에 모여 간절히 기도했다고 한다. 현지에서도 청년들이 버스 안에서 숨죽이며 간절히 기도했다. 아마 평생에 가장 간절한 기도였을 것이다. 하나님께서는 온 성도가 베트남 땅에 기도를 심게 하셨다. 기도로 채운 10시간이 지나고 기적 같은 일이 벌어졌다. 하나님께서는 사람의 생각과 계획을 뛰어넘어 일하고 계심을 모두 다시 한번 목도하게 되었다.

°

무섭게 협박하던 종교경찰이 갑자기 일단 숙소에 가 있으라면서 청년 담당 목사를 돌려보냈다. 여권을 돌려받지 못한 상황이기는 하지만 청년 담당 목사를 팀원들 품으로 돌려보내준 것만으로도 안도했다.

이처럼 문제가 풀리지 않을 때, 먼저 책임 공방을 하거나 비난부터 하는 사람이 있을 것이다. "선교 실패 아닌가", "조용히 묵상으로 기도하지 왜 그랬어?"라는 비난의 말들이 들려올 만한 상황이다. 그러나 하나님 앞에 진심으로 감사한 것은 우리 교회의 성도 중 아무도 그런 부정적인 말을 하지 않고 한마음으로 기도하며 나아갔다는 것이다. 낙심하거나 부정적인 평가 대신 "진실로 너희에게 이르노니 무엇이든지 너희가 땅에서 매면 하늘에서도 매일 것이요 무엇이든지 땅에서 풀면 하늘에서도 풀리라"(마 18:18) 이 말씀을 믿고 선포함으로 기도를 이어갔다.

청년 목사가 숙소에 도착하고 나서 저녁쯤에 전화가 울렸다. 공안이었다. 그런데 그의 목소리가 부드러워져 있었다.

"저녁 식사를 같이 하시죠. 여권을 돌려주겠습니다."

"네?"

갑자기 이게 무슨 말인가. 한껏 경직되어 우리를 위협하던 사람이 단 몇 시간 만에 이렇게 바뀌다니, 상황이 어떻게 돌아가는 건지 알 수 없었지만, 여권을 돌려받을 수 있다는 소식에 우선 감사기도를 드리며 다시 공안을 만나러 나갔다고 한다.

나중에 듣게 된 기적과 같은 뒷이야기는 베트남 지역 전체를 총괄하는 상위기관에서 이 소식을 듣고 당장 우리를 풀어주라는 명령을 내렸다는 것이다. 놀랍게도 그 상위기관에서 일하는 공안의 가족 중 한 명이 크리스천이었던 것이다.

우리나라의 경우에는 믿는 사람이 자신의 종교를 드러내는 것이 자연스러운 일이다. 그러나 베트남은 경중의 차이가 있더라도 명백한 사회주의 국가로 종교를 믿는 것이 금지된 분위기에서 공식적으로 자신의 종교를 밝힌다는 것이 결코 쉽지 않았을 것이다. 그런데 심지어 공무원의 신분으로서 누군가 크리스천들을 구해주라고 말했다. 하나님은 하나님의 자녀의 간절한 중보기도를 반드시 들으신다.

우리는 벌금을 내지 않고 40명의 여권을 모두 돌려받았다. 청년들도 긴 시간을 걱정과 불안에 시달리지 않고 오직 중보기도로 채웠다. 그러자 하나님께서 공안부의 마음을 부드럽게 하여 우리가 예측하지 못한 방법으로 문제를 해결해주신 것이다. 마치 고레스 왕의 마음을 단숨에 바꾸셔서 70년 동안 포로로 붙잡혔던 이스라엘 백성들을 귀환시키셨던 것처럼 말이다.

°

우여곡절 끝에 여권을 모두 돌려받았지만 한 가지 조건이 있었다. "공항에 도착할 때까지 모든 종교 활동을 금지합니다." 이를 감시하기 위해 공항 가는 날까지 공안부가 우리를 따라붙었다. 그로 인해 선교팀이 준비한 프로그램들이 모두 취소되자 할 수 있는 것이 아무것도 없었다. 그러나 할 수 있는 마지막 한 가지가 남아 있었다. 바로 기도였다.

원래 귀국 전 마지막 선교 일정으로 현지 목사와 신학생들을 대상으로 한 집회가 예정되어 있었다. 그러나 선교 팀원들은 감시를 당하고 있었기 때문에 집회에 함께할 수 없었다. 다행히 나는 경찰이 작성한 명단에 이름이 없었고, 팀이 아닌 개인으로 이동하기 때문에 집회에 가는 것이 가능했다.

떠나기 전 나는 청년들에게 기도를 부탁했다. "내가 여러분을 대표해서 갈 테니 기도로 함께해달라"고 당부한 뒤 출발했다. 청년들은 숙소에 남아 그 시간부터 줄곧 이 집회를 위해 기도했다. 비록 감시 때문에 큰 소리를 낼 수 없었지만, 작지만 누구보다 간절히 기도했다. 하나님께서는 우리 청년들이 버스에서 쌓은 기도가 이번 집회에서 응답될 것이라는 확신을 내 마음에 계속 부어주셨다. 나 역시 집회 장소로 이동하며 계속해서 기도했다.

"주님이 하십니다. 주님께서 모든 기도를 들으시고 계수하십니다. 주님은 모든 것의 주인이십니다."

기도하며 집회 장소에 무사히 도착했다. 도착한 곳에는 신학생, 목회자들이 여럿 모여 있었다. 내가 한국어로 설교하면 통역하는 자매가 통역하는 방식으로 예배가 진행되었다. 그런데 설교를 시작한 지 5분도 안 되어 통역하는 자매가 눈물을 글썽이기 시작하더니 설교가 끝날 때쯤에는 눈물범벅이 되어 겨우 통역을 이어갔다. 설교하는 한 단어 한 단어, 입술을 뗄 때마다 자매는 울었고, 듣는 이들도 눈물을 흘리며 "아멘"으로 화답했다.

하나님의 임재가 부어진 것이다. 설교 후에는 현지팀의 은혜로운 특송이 이어져 쌓인 기도가 현장에서 풀어지고 있다는 것을 확신할 수 있었다. 게다가 말씀 후 안수기도를 할 때 병이 낫는 역사가 일어났다. 성령님의 임재가 현장을 덮고 있음을 실감했다. 모든 집회 일정을 마치려고 할 때 베트남 현지인 교단장이 다급히 걸어 나와 마이크를 달라고 손짓했다. 그리고 자신이 받은 은혜를 간증하기 시작했다.

"저는 교단장입니다. 화양교회 청년들이 동티엔 산족마을에 도착하여 예배드리고 열심히 기도했는데, 그것이 빌미가 되어 어려움을 당하게 된 소식을 들었습니다. 종교 활동 허가를 받고 교회 안에서 기도한 것을 문제 삼는 것이 의아했지만, 청년들이 소리 내어 기도해서 원인을 제공한 것이라고 생각하며 속으로 청년들을 비난했습니다. 그러나 오늘 말씀을 통해 성령님께서 제게 깨달음을 주셨습니다. 그리고 주님께 회개했습니다. 기도는 틀리지 않습니다. 화양교회 청년들은 틀리지 않았습니다. 여기에 성령님이 임재해주셨습니다. 기도는 옳은 것이며 하나님께서 기뻐하시는 것입니다."

떨리는 목소리로 전하는 교단장의 간증에 나는 진한 감동을 받았다. 비록 3개월 동안 준비한 것을 아무것도 해보지 못했고, 선교 현지에서 한 것이라고는 버스 안에서 10시간 기도한 것, 숙소에 모여 기도한 것밖에 없었지만, 하나님께서는 그 기도를 하나도 버리지 않고 카운트하셨다. 그리고 교단장의 간증을 통하여 그 자리에서 듣고 있던 모든 신학생, 목회자들에게 기도가 얼마나 중요한 것인지 깨닫게 하셨다.

이것이 바로 기도의 능력이다. 하나님의 시간표는 사람의 시간표와 다를 수 있다. 그러나 그분의 일하심은 사람의 생각과 계획보다 훨씬 뛰어났다. 이번 베트남 선교는 여느 선교보다 많은 간증과 은혜가 넘치는 특별한 선교가 되었다.

하나님은 살아계신다. 하나님은 기도를 다 들으시고 계수하신다. 하나님께서는 내 방법, 내 시간에 따라 응답하지 않으시고, 하나님의 때와 방법으로 더 놀랍게 쏟아부어주신다. 실패라고 생각되는 그 순간에서도 하나님께서는 일하신다. 실패의 자리에서도 하나님은 여전히 쉬지 않고 역사하신다.

기도하는 자만이 시간과 공간을 초월하시는 하나님의 역사를 발견할 수 있다. 기도는 사라지지 않으며, 우리의 한계를 뛰어넘는 놀라운 능력이다.

내 의의 하나님이여 내가 부를 때에 응답하소서 곤란 중에 나를 너그럽게 하셨사오니 내게 은혜를 베푸사 나의 기도를 들으소서 _시 4:1

06 믿고 그대로 선포할 때 치유가 일어나다

기도가 풍성해지면 모든 영역과 장소에 제한을 받지 않고 하나님의 일하심을 경험하게 된다. 2019년 10월 나는 의료진들 몇명과 함께 의료선교를 다녀오게 되었다. 베트남으로 출발하기 전날 밤, 나는 왠지 주님을 갈망하는 마음으로 가득 차서 새벽까지 찬양하고 기도하기를 반복했다.

주님을 찬양하고 싶고 기도하고 싶은 마음이 들 때는 언제라도 그냥 넘기려 하지 않고 주님께 꼭 반응한다. 그러면 그때에만 주어지는 특별한 은혜와 주님의 인도하심이 반드시 있었다. 그날도 한참을 찬양하고 기도하다보니 벌써 새벽 4시가 지나고 있었다. 잠시라도 잠을 청할까 하다가 갑자기 '새벽예배를 인도해야겠다'는 마음의 감동이 들었다. 일찍 공항에 나가야 하기 때문에 새벽예배 설교를 다른 사역자에게 맡긴 상태였는데도 계속해서 주시는 마음의 감동을 거절할 수 없었다.

나는 교회로 달려가 새벽예배를 인도했다. 그날 큐티 본문은 말라기 말씀이었다. 본문을 읽어나가는데 계속해서 마음에 들어오는 단어가 있었다. '치료하는 광선' 말씀을 전하는데 하나님께서 누군가를 역사적으로 치유하실 것 같은 확신이 마음에 가득 찼다. 사실 이 이야기를 설교 중에 너무 나누고 싶었다. 하지만 만약에 치료의 역사가 없다면 나만 민망해질 것 같아 차마 확실하게 선포하지 못한 채 예배를 마쳤다.

그날의 묵상에도 그렇게 기록해놓았다. "하나님을 경외하는 자는 주님을 의식하는 자입니다. 항상 주님과 동행함이 실감나게 하옵소서. 하나님의 이름을 경외하는 자에게 치료하는 광선이 비추어 외양간에서 나온 송아지같이 뛰는 기쁜 날이 될 줄 믿습니다. 평생 잊을 수 없는 여호와의 날이 되게 하옵소서." 큐티는 말씀을 묵상하기만 하고 그다음에 그냥 잊어버리는 것이 아니라 하루 종일 그 말씀을 품고 살아가는 것이다. 주신 말씀을 읊조리며 오래 묵상할 때 믿은 그대로 이루어지는 것이 말씀의 능력이다.

그날도 주신 말씀을 마음에 품고 "치료하는 광선을 발하여주옵소서"라고 계속해서 기도했다. 그런데 그날따라 내가 너무 아팠다. 두통이 너무 심해 두통약을 먹었는데도 몸이 으슬으슬 떨렸다. 베트남으로 가는데도 위아래 내복까지 챙겨 입을 정도였다. 치료는 나부터 받아야 할 상황이었지만 나는 계속 "치료의 광선을 발하여주옵소서"라고 선포하며 베트남으로 향했다.

무사히 현지에 도착하여 의료선교를 시작했다. 그런데 마음 한편으로 깊숙이 느껴지는 슬픔이 있었다. 우리는 베트남에 단순 의료봉사가 아닌 의료선교를 왔는데, 정작 예수님의 이름을 한마디도 꺼내지 못했다. 당시 의료 담당인 적십자사 사람들이 시작부터 지금의 상황에서 복음을 증거하면 문제가 생길 수도 있다고 단호하게 말해서 누구도 복음을 건넬 수 없게 된 것이다.

'하나님, 어떻게 할까요?'라고 기도하는데 하나님께서 굉장히 강한 감동을 주셨다. 그것은 바로 지금 우리 교회 청년들과 성도들이 예배당에서 선교팀을 위하여 기도하는 모습이었다. 또한 하나님께서는 바로 몇 개월 전, 청년들이 베트남에 가서 기도를 심은 장면도 보여주셨다. 그러면서 내게 부어지는 믿음은 그것이 없어지지 않았다는 것이다. 그때 청년들의 기도와 모든 성도님의 중보기도가 이곳 베트남에 심겨졌다는 확신이 강하게 들었다. 그 기도를 통해 이곳에서 우리 팀을 보호하시고 역사하실 것이라는 믿음이 생겼다. 너무 감사해서 눈물이 흘렀다.

나는 주신 감동을 꽉 붙들고 지혜를 구하며 복음을 전하기 시작했다. 그런데 오히려 아이들의 반응이 놀라웠다. 복음 듣는 것을 좋아했고 만화로 그린 복음을 이해하고 받아들이기 시작한 것이다. 이를 통해 예수님을 믿지 않던 아이들이 예수님을 영접하게 되는 구원의 역사도 경험하였다.

한국에서의 중보기도가 베트남에 시공간을 초월하여 놀랍게 역사하였다. 기도는 없어지지 않는다. 보이지 않지만 하나님의 때에 반드시 풀어주신다. 그리고 그것이 끝이 아니었다. 모든 의료선교 일정을 마치고 철수하려는데, 손발과 얼굴이 굳어진 고엽제 환자들을 찾아가 기도해달라는 요청을 받은 것이다. 처음에는 그들의 질병 치유보다는 마음을 위로해줄 생각이었다. 그들을 위해 기도해주고, 용기를 불어넣어주고, 예수 믿기를 바라는 마음으로 찾아가 선물도 나눠주려고 했다.

그런데 하나님께서는 내가 생각하지 못한 방법으로, 선포한 말씀 그대로 나를 인도해가셨다. 우연히 손이 굽은 환자 한 분을 만나 기도를 해드리게 되었다. 내가 살짝 힘을 주어 펴보려고 하는데 절대 펴지지 않았고, 좀 더 세게 힘을 주면 환자는 심한 통증을 호소했다. 그는 자신이 태어날 때부터 손이 굽은 채 굳어서 단 한 번도 펴진 적이 없었다고 했다. 자세히 보니 손뿐만 아니라 발도 굽어 있었다. 굽은 손과 발을 보니 긍휼한 마음이 들었다. 간절히 기도해드리고 맛있는 음식도 대접해야겠다고 다짐하며 기도를 시작했다.

"하나님, 이분을 위로해주시고, 예수님을 믿지 않는다면 바로 지금 믿게 해주세요."

기도를 하는데 갑자기 가슴이 막 뛰었다. 그러면서 문득 7월에 베트남에 와서 기도를 심은 청년들, 같은 시각 한국에서 모여 기도했던 온 성도들의 기도를 다시 생각나게 하셨다. 그리고 오늘 선포한 말씀, '치료하는 광선'이 다시 생각났다.

그런데 한 가지가 마음에 걸렸다. '지금 내 옆에 의대 교수님들, 선교사 출신 의사분들이 다 있는데, 내가 만약 기도하고 선포했는데도 손이 안 펴지면 어떡하지? 그리고 그것이 교회에 소문나면 어떡하지? 혹시 손이 안 펴지더라도 팀원 입단속을 단단히 시키면 될까?' 정말 온갖 생각이 다 들었다. 또 다른 마음 한편으로 '튀는 행동하지 마. 잘난 척하지 마'라는 생각도 들었다.

그런데 하나님께서는 계속해서 단어를 선명히 떠오르게 하셨다. '치료하는 광선.' 그래서 아내를 불러 굽은 손을 같이 잡고 기도하기 시작했다. "하나님, 선포합니다. 예수님의 이름으로 명하노니 손이 펴질지어다." 처음에는 담대히 선포했지만 마음 한구석에 여전히 불안한 생각도 있었다. '안 펴지면 어떡하지?'

그 순간, 주님이 주시는 마음의 감동이 있었다. '믿음이 작아도 괜찮고, 겨자씨만한 믿음만 있어도 괜찮다. 단 네 근처에 얼씬거리는 의심을 제거하라.' 그래서 의심하지 않고 오직 믿음으로 다시 크게 선포했다 "펴질지어다!" 3번 정도 선포했는데 여전히 그대로였다. '아니다. 선을 행하다가 낙심치 말자.' 다시 한번 믿음을 굳게 하고 "손가락이 펴질지어다. 펴질지어다"를 계속 선포했다.

그런데 순간 그분의 손 어딘가에서 우두둑 소리가 났다. 나도 깜짝 놀라서 혹시 이분이 아프지 않은지 표정을 살폈는데 환하게 미소를 짓고 있었다. 처음에 얼굴 표정이 안 좋았는데 갑자기 얼굴이 환해지기 시작한다. 다시 선포하며 손가락을 살짝 잡아보았다. "손가락이 펴질지어다."

그런데 놀랍게도 굽어 있던 손가락이 하나씩, 하나씩 천천히 펴지기 시작하는 것이다. 왼편에 앉아 있던 의사 선생님도 처음에는 '뭐야?' 하는 표정으로 보다가 점점 놀라며 직접 와서 만져보셨다. 의대 교수님조차 놀라워하며 하나님을 찬양했다.

기적적으로 손가락은 다 펴졌는데, 아직 손목은 굽은 그대로였다. 하나님께서 마음에 또 한 가지 감동을 주셨는데, '이 사람이 믿음의 고백을 해야 한다'는 감동이었다. 나는 환자에게 잠시 눈을 뜨라고 하고 이 감동을 전했다. "손가락 펴진 거 보셨죠? 하나님께서 손목도 낫게 해주실 겁니다. 손목도 펴질 것을 믿음으로 아멘 해주세요."

그러나 안타깝게도 세 번이나 질문했지만 그는 "안 될 거예요. 안 펴질 거예요"라며 끝내 "아멘"을 외치지 않았다. 그래서 결국 손목은 펴지지 않았고 손가락만 펴진 상태로 기도를 마치게 되었다. 그런데 귀국한 후 한 달이 지나고 반가운 연락을 받았다. 그 분이 손을 자유롭게 움직이신다는 소식이었다. 할렐루야!

그렇다. 우리가 하는 기도는 절대 없어지지 않고 반드시 응답된다. 하나님의 때가 되면 그 기도를 풀어주시고 목도하게 하신다. 이번 의료선교에서도 치료하는 광선을 비추실 거라고 선포한 시점은 첫째 날이었지만 정작 그날은 아무 일도 일어나지 않고, 그다음 날 치유의 역사가 일어났다. 내가 원하는 때에 일어나지 않아도 하나님은 분명히 살아계시고 지금도 역사하고 계시니 낙심하지 말자. 포기하지만 않으면 때가 되었을 때 거두게 하신다.

한국 땅에 있는 우리를 그 땅으로 가게 하셔서 병든 한 사람을 고치신 예수님의 깊은 계획에 놀랄 뿐이다. '선'이라는 말에 기도라는 의미도 있다고 한다. 선을 행하되 무슨 일이 있어도 낙심하지 않도록 하자. 하나님의 때가 이르면 반드시 거두는 것이 기도의 절대 원리이기 때문이다. 하나님께서는 교회의 기도가 풍성해질수록 그 선한 영향력이 바다처럼 온 세상으로 흘러가게 하셨다.

너희 중에 병든 자가 있느냐 그는 교회의 장로들을 청할 것이요 그들은

주의 이름으로 기름을 바르며 그를 위하여 기도할지니라 _약 5:14

내가 선교사 출신이다보니 설교 시간에 선교에 관한 이야기를 많이 하는 편이다. 그래서 그런지 청년들의 기도 열기는 늘 선교의 방향으로 흘러갔다. 지금도 많은 선교지의 사역을 도우며 기도와 물질로 후원하고 있다.

내가 한국에서 목회하면서 가장 가보고 싶은 곳이 있었는데, 바로 아프리카였다. 많은 세월이 지났지만 아프리카에 대한 이야기만 나오면 가슴이 뛰고, 불을 지피는 것처럼 열정이 생긴다. 그러던 어느 날 드디어 하나님께서 그 기회를 허락하셨다.

2019년 7월, 기도하는 청년들과 함께 아프리카 케냐 마사이 원주민 지역에 봉헌예배와 단기선교를 겸하여 방문할 기회가 생겼다. 현지 선교사님은 내게 "목사님은 아프리카 선교사님이셨으니까 오시면 그냥 스와힐리어로 설교하세요"라고 하셨다. 비록 아프리카에서 선교한 지 오랜 시간이 지났지만, 하나님께서 붙들어주실 거라 믿고 나도 스와힐리어로 설교 준비를 했다. 성도님들의 중보기도 덕분에 설교 연습도 너무 은혜가 되었고, 충분한 기도가 쌓여 그곳에서 치유 등 많은 하나님의 역사가 일어날 것이라 믿었다.

。

선교 첫날, 선교사님들과의 일정 때문에 내가 먼저 출발하고, 청년들은 뒤이어 출발해 밤 비행기로 아프리카 케냐에 도착했다. 케냐까지는 무사히 도착했는데, 입국 심사부터 문제가 발생했다. 인형극 준비물에 세금이 부과된 것이다. 예상치 못한 예산이 들어 잠시 당황했지만, 청년들은 '그래도 이것만 세금 내서 다행이다'라며 감사기도를 드렸다고 한다. 어떠한 상황에서도 감사를 고백하면 감사로 갚아주시는 하나님을 믿었기 때문이다.

감사를 올려드리면 감사의 조건들이 금방 부어지면 좋겠는데, 바로 다음 문제가 또 발생했다. 뜨거운 태양이 여과 없이 내리쬐어 가만히 있어도 땀이 줄줄 흐르는 날씨에 에어컨 있는 버스를 신신당부했는데도 에어컨이 없는 오래된 버스가 온 것이다. 아프리카에서는 흔히 있는 일이라는 것을 알지만, 처음 아프리카에 온 청년들을 생각하니 내심 속이 상했다.

뾰족한 수가 없어 하는 수 없이 그 버스를 탔다. 버스는 우리 팀원 40명과 선교사님까지 한 자리도 남지 않고 꽉 들어찼다. 비포장도로를 달려 흙먼지 날리는 오지로 들어가야 하기 때문에 창문도 열지 못하고 땀이 줄줄 솟는데도, 청년들은 찬양을 부르며 감사를 고백했다.

누가 시킨 것도 아닌데 땀범벅이 되어 찬양소리로 가득한 버스 안의 모습을 상상해보라. 보통 청년들 같지 않게 밝은 모습을 보며 동행한 선교사님이 오히려 혀를 내두르며 청년들을 보고 감동을 받았다.

그렇다. 기도를 많이 한 청년들은 표정에서도 영성이 드러나게 되어 있다. 돌아보면 이 청년들이 처음부터 이런 모습은 아니었다. 약 일 년의 기도훈련 끝에 하나님께서 영적 맷집을 허락해주셨기 때문에 어떤 상황에도 빛을 비추게 된 것이다. 기도하면 성품도 바뀐다는 것을 다시금 깨닫게 되었다.

은혜 가운데 숙소에 도착하였는데, 아직 난관이 끝나지 않았다. 땀을 뻘뻘 흘리며 숙소 체크인을 하는데, 숙소가 이중으로 예약이 되어 있다는 것이다. 그런데 호텔 주인이 다른 팀에게 방을 주고 우리에게는 방이 없다고 하는 바람에 40명이나 되는 청년들이 거리에 나 앉는 어처구니없는 상황이 발생했다.

여기저기 헤매다가 겨우 빈방을 구했다. 그런데 방에 들어간 청년들이 다시 나와 담당 사역자를 다급히 불렀다. 방마다 물이 한 방울도 나오지 않는 것이다. 모든 방을 확인해보니 딱 두 개의 방에서만 물이 나왔는데, 그마저도 졸졸졸 나왔다. 하루 종일 먼지를 뒤집어썼는데 씻을 수도 없고, 방마다 화장실에서 일을 보고 물을 내리지 못하니 냄새가 진동했다. 생각보다 열악한 상황이었다. 그런데도 청년들은 여전히 빛의 영성을 장착하고 볼멘소리 없이 목사님을 따라주었다. 그런 청년들을 보니 너무 미안하고 고마웠다.

다음날, 밤새 모기에게 물어 뜯겨 벅벅 긁으며 잠을 설친 청년들이 많았을 텐데 아침에 본 청년들의 얼굴은 참 놀라웠다. 마치 최고급 호텔에서 나온 투숙객처럼 밝은 모습이 마치 천사를 보는 듯했다. 마음이 울컥했다. 마치 마지막 순교의 상황에서도 그 얼굴이 천사의 얼굴과 같았다고 표현된 스데반의 얼굴이 이런 모습이 아니었을까 하는 생각이 들었다. 이처럼 선교지에 오기 전까지 기도로 단단히 무장한 청년들은 가는 곳마다 빛을 몰고 다니는 존재였다. 이것이 진정한 하나님의 백성의 정체성이라는 생각이 들었다.

。

둘째 날은 나에게 가장 긴장되고 흥분되는 날이었다. 바로 내가 선교사로 사역했던 올레케뭉게교회로 출발하는 날이었기 때문이다. 그것도 우리 교회 청년 40여 명과 함께 가는 길이라니, 너무 감사하고 귀하게 느껴졌다. 비포장 흙길을 달리는 내내 가슴이 쿵쿵 뛰었다. 청년들도 담임목사가 선교했던 교회라고 하니 내심 기대하고 긴장하는 모습이었다. 비탈길과 흙먼지를 뚫고 1시간쯤 지나자 내가 건축했던 교회의 모습이 멀리서부터 보이기 시작했다. 그 순간 하나님께 감사의 고백이 나왔다. 교회에 도착하여 차에서 내렸을 때, 이미 많은 원주민이 모여 찬양을 하고 있었다. 나를 마중 나온 낯익은 얼굴도 있었다. 바로 아모스 전도사였다. 우리는 서로의 얼굴을 단번에 알아보고 부둥켜안았다. 어느 누구도 알 수 없는 큰 기쁨과 감격을 맛보았다.

아프리카 선교 사역을 할 때 내가 담임목사였고 아모스가 전도사였기 때문에 내가 돌아간 후에 통상적으로 아모스 전도사가 담임목회자가 되어야 했다. 그런데 하나님의 은혜로 교회가 부흥하자 그 지방에서 목사 안수를 받은 다른 분을 이 교회에 파송했다. 그래서 결국 아모스가 아닌 그 분이 담임목사가 되었다. 그런데도 아모스는 16년 동안 전도사로서 겸손히 그 자리를 지키고 있었다. 인간적으로는 속상할 수 있을 텐데, 자기 생각을 내려놓고 맡은 일에 충성을 다하는 아모스가 참 귀하고 귀하게 여겨졌다.

올레케뭉게교회는 하나님의 은혜 가운데 내가 목회할 때보다 훨씬 부흥되어 있었다. 20년 전에 뿌렸던 씨가 자라나 열매를 맺은 현장을 보게 된 것이 얼마나 큰 축복인지 모른다. 교회

안으로 한 걸음을 뗄 때마다 곳곳에 쌓인 기도의 열매들을 보며 감격하고 감사했다. 교회에서 말씀을 전한 후, 모든 아이를 강단으로 불러 안수기도를 해주었다. 청년들은 준비한 어린이 사역 프로그램을 진행했고, 그동안 나는 아모스 전도사의 집으로 심방을 갔다. 아모스 전도사 부부와 함께 예배를 드리면서 아모스 전도사의 믿음이 많이 자라났다는 것을 느낄 수 있어 감사했다. 예배를 마치고 집을 나오는데 집을 짓다가 중단한 부분이 보였다. 이유를 물어보니까 공부방인데 돈이 없어서 짓다 말았다고 했다. 뼈대만 앙상한 건물을 보니 마음이 짠했다. 내가 그 공부방뿐 아니라 다섯 자녀의 학비까지 지원해주겠다고 하자 아모스 전도사 부부는 뛸 듯이 기뻐했다. 할렐루야!

그날 밤, 나는 하나님이 어떤 분이신가를 고민하고 묵상하게 되었다. 하나님은 지구 반대편에 있는 한국의 교회를 들어서 지구 반대편 아프리카로 보내어 그 도시에서 예배를 드리게 하시고, 한 집을 심방하게 하시고, 짓다 만 공부방을 보게 하셔서라도 필요를 채우시는 분이다. 아프리카의 그 공부방이 지구 반대편에 있는 한국 교회 성도님들의 헌금으로 지어질 줄 누가 알았겠는가.

그런데 하나님께서는 놀랍게도 이 모든 것을 미리 준비해놓으셨다. 나는 그것을 확실히 믿을 수 있었다. 끝까지 순종하면서 믿음의 자리, 사명의 자리를 지키는 자에게 하나님께서는 반드시 은혜를 부어주신다. 아모스 전도사도 20여 년 동안 자신의 자리를 끝까지 지키며 충성했다. 그 결과 하나님의 은혜 가운데 우리 교회 단기 선교팀을 만나고, 그 집에 심방을 가게 하시고, 다 지을 수 없었던 공부방을 완공할 수 있도록 해주시고, 다섯 자녀의 학비 문제까지 단번에 해결해주셨다. 모든 것이 합력하여 선을 이룰 것을 믿고 어떤 상황에서도 기도의 자리를 지키면, 그 열매가 반드시 고스란히 돌아오게 하신다.

원래 단기 선교 기간에 관광은 거의 하지 않는데, 마지막 날 근처 국립공원에서 약 1시간 정도 동물을 구경하기로 했다. 얼룩말, 가젤 등 몇몇 동물들을 보았지만 청년들이 고대한 것은 아프리카의 사자를 직접 보는 것이었다. 선교사님은 짧은 시간에 이 지역에서 사자를 보는 것은 거의 불가능하다고 하셨다. 그럼에도 청년들은 계속해서 기쁨으로 사자를 선포하고 사자 단어가 들어간 노래까지 부르며 외치고 선포했다. 그런데 그 와중에 진짜 사자가 나타났다.

"와, 사자다!"

모두들 환호성을 지르며 흥분을 감추지 못했다. 멀리서 보기도 힘들다는 사자를 바로 차 앞에서 보게 되다니! 선교사님도 이토록 짧은 시간 안에 사자를 본 것은 거의 기적이라며 신기

해했다. 작은 것 하나라도 자연스럽게 기도와 선포부터 나오는 청년들의 모습에 나도 진심으로 감동을 받았다.

。

　나는 선교사님과의 약속을 지키기 위해 혼자 '키베라'라는 동네로 향하고 있었다. 나이로비 인구가 4백만 명인데 그중에 3백만 명이 빈민촌인 키베라에 산다. 굉장히 넓고 동시에 위험한 곳이라 혼자서는 중심부로 들어가기 어려울 정도였다. 선교사님들도 원래 키베라 밖에서만 사역하시는데, 나는 하나님의 인도하심으로 키베라 중심부로 들어가기로 결정했다.

　같은 시각, 한국에서는 많은 성도님이 한마음으로 기도해주고 계셨다. 한국에서 합심기도하던 그 자리에서 어떤 분은 방언을 받고, 또 어떤 분은 치료를 받으셨다고 한다. 그만큼 중보기도에 임하는 하나님의 기름부으심은 강하다. 기도가 없어지지 않는 것을 믿는다. 싸움의 승리는 여호수아의 능력에 달린 것이 아니라 모세와 아론과 훌의 기도에 달려 있었다.

　드디어 키베라 중심부에 도착해 말씀을 전하기 시작했다. 선물을 나눠주고 복음 목걸이를 선물해주고 모든 설교와 기도까지 마치고 그 지역에서 나가려는데, 한 선생님이 내게 한 가정만 방문해주면 안 되겠느냐고 물었다. 나는 그 분을 따라 키베라의 중심부로 더 깊이 들어가며 솔직히 두렵기도 했다. 그러나 동일한 시각, 나를 위해 기도하는 성도님들이 계신다는 사실 하나만 굳게 붙들고 담대히 그 집으로 향했다.

다 쓰러져가는 집에 들어서니 병들어 누워 있는 어머니와 두 아이가 있었다. 두 아이를 위해 안수기도를 해주는데 아이들을 향한 하나님의 사랑이 느껴졌다.

"넌 꿈이 뭐니?"

그러자 한 아이가 답했다.

"저는 목사가 되고 싶어요."

옆에 있던 아이도 답했다.

"저는 의사가 되고 싶어요."

아이들의 꿈 이야기에 마음이 감동되어 학비 지원을 약속했다. 하나님이 역사하시면 이 가정에서도 슈바이처 같은 인물이 나올 수 있다고 믿었기 때문이다. 그리고 마지막으로 병든 어머니를 위해 기도하고 집을 나왔다.

지구 반대편에서부터 와서 우리끼리는 갈 수도 없는 위험한 케냐 슬럼가로 부르시고, 다 쓰러져 가는 집으로 인도하신 분이 하나님 아버지이시다. 이후로도 그 가정을 향한 하나님의 계획을 성실히 이루어 가실 것을 믿는다. 하나님께서 반드시 이 가정을 은혜로 인도하실 것이다. 비록 우리는 앞으로의 일들을 알 수 없다. 하지만 이 일을 통해서 하늘 보좌를 버리고 멀고 먼 이 땅에 아들을 보내신 하나님의 마음은 깨달을 수 있었다.

청년들은 아프리카 선교를 통해 그들이 수많은 감사거리에 둘러싸여 있음을 깨달았다. 사실 우리가 매일의 삶 가운데 누리고 있는 모든 것이 다 감사의 조건이다. 하나님은 우리가 그것을 당연히 여기지 않고 입술을 열어 감사를 고백하게 하셨고 그렇게 할 때 감사의 조건을 더 많이 부어주시는 분이다.

하나님을 사랑하는 자, 그 뜻대로 사명에 순종하는 자, 지금 내게 어려움이 있지만 이 모든 것에 주님이 일하고 계심을 믿는 자, 합력하여 선을 이루실 것을 믿고 끝까지 기도하는 자에게는 반드시 하나님의 역사가 부어질 것을 믿는다.

우리가 알거니와 하나님을 사랑하는 자 곧 그의 뜻대로 부르심을 입은 자들에게는 모든 것이 합력하여 선을 이루느니라 _롬 8:28

08 예수님과의 친밀한 동행과 제자훈련

교회는 기도의 바람을 타고 청년뿐 아니라 장년들도 한마음으로 성장해갔고 매주 새 가족들이 등록했다. 단순한 수의 부흥뿐 아니라, 개개인의 신앙도 나날이 성장했다. 강단에 설 때면 다들 기대하는 눈빛으로 나를 바라보았다. 성도들의 사모함이 눈에 선하니, 기도하지 않을 수 없다. 내가 먼저 기도와 영성으로 충만해야 그것이 자연스럽게 흘러가는 충만의 원리를 잘 알기 때문이다.

설교자인 나부터 거룩한 부담감으로 기도하며 말씀을 준비했다. 예배 한 시간의 말씀으로 성도들의 갈급함을 채울 수 없어 목사로서 책임감을 가지고 기도하며 깊이 고민했다. 알래스카에서 했던 유기성 목사님의 '예수님의 사람' 제자반 훈련이 생각났다. 이 프로그램을 통해 하나님이 일하실 거라는 감동이 들었다. 성도들과 소그룹으로 만나 더 실질적인 말씀의 능력을 나누어야겠다고 다짐하고 제자반 1기를 모집했다.

12주간 매주 화요일 저녁 소그룹으로 모여 수업을 진행했다.

나는 죽고 예수님으로 사는 영적 원리와 하나님 자녀의 정체성, 영혼육의 원리를 가르치며 삶에 접목시키는 방법으로 교육했다. 개인의 삶의 영역에 말씀을 대입하니 자연스레 변화의 열매가 맺어졌다. 그렇게 12주의 첫 제자반이 끝나자마자 다음 제자반 신청이 줄을 이었다.

나는 제자반 수업을 준비하며 중보기도 시스템을 연결시켰다. 이 시스템이 제자반을 은혜 안으로 정착하게 하는 데 큰 도움이 되었다. 먼저 제자반 수업을 위하여 사역자를 중심으로 성도가 한마음으로 중보기도를 한다. 그리고 제자반 수강생마다 일대일 중보 기도자를 매칭하여 반드시 정해진 시간 동안 정해진 사람을 위해 중보기도로 지원하도록 했다.

매주 제자반 수업을 마치기 전에는 꼭 합심기도회를 하여 그날 배운 말씀이 영적으로 마음 깊이 녹아들게 하였다. 수업 시작부터 마칠 때까지 기도하고, 개개인을 위한 중보기도로 강력하게 덮으니 제자반을 통해 큰 변화의 역사가 일어나기 시작했다. 지금은 청년, 영커플, 청장년, 여선교회, 남선교회 등 연령대를 세분화한 제자반과 영성일기반과 같은 심화 제자반이 함께 진행되고 있다.

그때그때 일어나는 상황이나 결과에 반응하지 않고 우직하고 꾸준하게 쌓아온 기도의 힘을 통해 제자반은 지금도 시간마다 놀라운 임재를 경험하고 있다. 이것이 교회를 이끌어가는 동력임에 틀림이 없다. 또한 온 성도가 영성일기와 큐티를 통해서 매일 주님과 친밀한 교제를 나눔으로써 성도들의 성품이 달라지고 교회 분위기가 부드러워지는 은혜를 경험하게 되었다.

매일 주님과 교제하는 시간을 갖는 목회자, 장로, 성도는 주님을 인식하며 살 수밖에 없음을 경험하게 된다. 특별히 예수님의 사람 청년 제자반 열기가 가장 뜨겁다. 12주 동안 매주 수요일 저녁 시간을 교회에서 보내야 한다. 수업이 밤늦게 끝나도 청년들은 다음날 출근해야 한다. 그런데도 청년들의 얼굴에 생기가 돈다. 영의 양식이 부어지니 체력도 금세 회복되는 것이다. 기도가 쌓이면 예수님과 친밀해지고, 예수님과 친밀해지면 말씀 앞으로 나아가지 않을 수 없다. 말씀이 곧 예수님이시기 때문이다.

그러므로 믿음은 들음에서 나며 들음은 그리스도의 말씀으로 말미암았느니라 _롬 10:17

"엄마, 마스크 안 끼면 안 돼요? 너무 불편한데."

초등학교 3학년이 된 막내가 현관에서 아내와 실랑이 중이다.

"불편해도 나가려면 껴야 해. 마스크 없으면 학교에 못 들어 간대."

제 얼굴보다 큰 마스크를 억지로 쓰고 가는 아이의 뒷모습을 보고 있자니 마음이 짠했다. 결국 교회도 코로나19로 큰 타격을 입었다.

2021년 12월, 성탄절과 송구영신 예배를 앞두고 사회적 거리 두기 단계가 격상되어 20명 이하로 제한되었다. 사실상 예배 스텝을 제외한 일반 성도는 성전 예배가 불가능한 것이나 다름 없었다. 나는 어느 때보다도 간절히 기도의 무릎을 꿇고 주님 께 물었다.

"주님. 새해 첫 주일예배입니다. 주님께 드리는 첫 예배를 주 님의 몸 된 교회에 나와 예배당에서 드리면 하나님께서 얼마나 기뻐하실까요. 제발 지혜를 주세요."

오랜 기도 끝에 내린 결론은 현장 예배 인원을 늘리기 위해 예배 횟수를 늘리는 것이었다. 오전 7시부터 오후 8시 30분까지 총 9부의 예배를 만드는 방법이다. 사역자 회의 시간에 이 이야기를 꺼내자 사역자들은 멍하니 나를 바라봤다.

"목사님, 설교 아홉 번 괜찮으시겠어요?"

"괜찮아요. 한 분이라도 더 사모하는 주님의 몸된 교회에 와서 예배드리면 좋겠어요."

2021년 1월 3일 오전 7시, 미리 신청한 스무 명의 성도들과 첫 성전예배가 시작되었다. 이후 2부, 3부, 4부 예배가 기존 예배보다 좀 더 빠르게 진행되다보니 쉴 틈 없이 오전 예배가 끝이 났다. 점심을 먹을 겨를도 없이 나머지 다섯 번의 예배를 마저 인도했다. 다섯 번째 예배를 드릴 때부터 목이 쉬기 시작하더니, 마지막 아홉 번째 설교를 전할 때는 목소리가 거의 나오지 않았다. 성도들 역시 온라인으로 9번의 예배를 함께 드리고 있었다. 강단을 오르내릴 때마다 다리가 후들거렸지만 그래도 있는 힘을 다해 최선을 다해 말씀을 전했다.

미처 동이 트지 않은 시각에 시작된 예배는 오후 8시 30분, 캄캄한 밤까지 계속되었다. 마지막 예배를 마치고 축도하려는 순간, 나는 울컥하여 말을 이을 수 없었다. 그 순간 현장에 있었던 20여 명의 성도도 눈물을 흘렸다. 나는 잠시 숨을 고른 뒤 "성부 성자 성령의 이름으로 간절히 축원하옵나이다"로 9부 예배를 은혜 가운데 마쳤다. 하나님의 은혜에 너무 감사했다.

비록 체력은 고갈되었지만, 9부 예배를 드림으로써 온 성도가 더욱 예배를 사모하는 계기가 되어 예배당에 나와 기도하는 이들이 더 많아졌다. 어떤 답답한 상황을 만날 때도 본질을 붙들어야 한다. 본질은 하나님과의 만남인 '기도'와 '예배'이다. 포기하지 않고 계속해서 기도와 예배를 드릴 때 하나님을 만날 수 있다. 돌파할 수 있는 힘과 능력이 부어진다.

。

코로나 거리두기 단계가 완화되면서 성도들이 점점 더 많이 교회에 올 수 있었다. 그래서 기도의 불길을 모을 방법을 놓고 기도하였다. 그때 주신 마음이 예배당에서 드리는 24시간 기도회였다. 주일 오후 6시부터 다음날 오후 6시까지 24시간 기도회를 진행하게 되었다.

시작 기도를 하려고 강단에 올랐는데 예배당의 좌석이 가득 차 있었다. 아예 24시간을 작정하여 예배당에 그대로 머무는 대학생들도 있었고, 하루 연차를 내고 기도회에 참여한 직장인들도 있었다고 한다. 24개의 찬양팀이 시간마다 찬양을 올려드렸고, 중보기도 제목을 띄워 함께 기도하였다. 그뿐만 아니라 몸이 불편한 분들을 위해 온라인으로 방송을 송출하여 함께 기도하도록 배려하였다. 성도들은 영상을 통해 각자의 자리에서도 하나님의 임재를 경험했다고 간증했다.

다음날 오후 6시, 24시간의 기도회를 모두 마친 후, 성도들과 함께 자리에서 일어나 '내 눈 주의 영광을 보네' 찬양을 불렀다. 이 찬양을 부를 때 주님의 영광이 그 자리에 부어지는 것을 경험하였다.

코로나의 상황에서도 끝까지 포기하지 않고 붙든 것은 오직 기도뿐이었다. 예배도, 모임도 제한되어 아무것도 할 수 없는 현실이었지만, 기도로 상황을 돌파하며 온 성도가 더 큰 기도의 위력을 경험할 수 있었다.

주의 궁정에서의 한 날이 다른 곳에서의 천 날보다 나은즉 악인의 장막에 사는 것보다 내 하나님의 성전 문지기로 있는 것이 좋사오니 _시 84:10

----

10 코로나시국에도 단기선교

코로나가 유행하면서 덩달아 단기선교도 중단되었다. 이제까지 선교를 통해 맺어진 영혼 구원의 열매를 생각하면 너무 마음이 아프고 안타까운 상황이었다. '코로나의 위험 없이 안전하게 선교할 수 있는 방법은 없을까?' 사역자들과 회의를 거듭하며 선교를 진행할 방안을 모색했다.

무엇보다 중요한 것은 회의만으로 끝나는 것이 아니라 충분한 기도를 통해서 주님의 음성을 듣는 것이었다. 급히 결정을 내리기보다는 조금 느리더라도 기도의 시간을 확보하는 것, 이것이 교회의 영성을 풍성하게 하는 중요한 원리가 된다. 기도를 통하여 지혜를 주실 것이고 하나님의 일하심을 보게 하실 거라는 믿음이 있었다. 믿음은 기도의 자리로 나아가게 하고, 기도의 자리에서 믿음이 더욱 굳건해지는 선순환을 이루었다.

일주일 동안 이 시점에 하나님의 뜻이 무엇인지, 그리고 해외 단기선교를 가능하게 할 수 있는 방법을 놓고 기도하기 시작했다. 그런데 기도할 때 우리에게 주신 공통적인 방법은 놀랍게도 '온라인 단기선교'였다. 사실 나도 해본 적이 없는 방법이라 구체화하는 데까지 오랜 시간이 걸렸다. 처음에는 현지에 계신 선교사님조차도 반신반의했다. 하지만 주님의 일하심에 제한이 없으니, 일단 믿음으로 하나님의 도우심을 구하고 선포하며 추진해보기로 했다. 선교사님과 협의한 끝에 캄보디아 현지의 '쏘번어짜, 썽큼어짜, 니멋어짜, 쁘레야꼰어짜' 4개 교회와 화양교회 그리고 의정부에 있는 캄보디아교회가 함께 온라인 단기선교를 기획하였다.

선교 준비는 코로나 이전에 단기선교를 떠날 때와 별반 다르지 않게 진행했다. 우선 중보기도팀을 조직해서 매주 모여 기도함으로 선교의 기초를 다졌다. 그리고 현지에서 필요한 단체 티셔츠, 방역용품, 선교 물품을 미리 인천의 컨테이너에 실어 캄보디아로 보냈다. 선교 진행에 차질이 없도록 대형 TV 구입비와 인터넷 라인 설치 비용까지 별도로 보냈다. 컨테이너가 도착하기까지 걸리는 두 달의 기간 동안 줌(zoom)을 이용하여 6개 교회 리더가 매주 화상으로 기도회와 회의를 진행했다.

진행 상황은 메신저를 통해 실시간으로 공유했다. 드디어 단기선교 본 집회가 있기 한 달 전, 처음으로 선교를 위한 연합기도회를 열었다. 캄보디아와 연결하여 연합기도회를 하는 것이 너무 감격스러웠다. 여섯 개의 교회가 각자의 자리에서 모니터 앞에 모여 앉았다. 화상통화를 하면 가끔 버퍼링이 생기는데, 해외 줌 통화는 버퍼링이 여러 번 걸렸다. 버퍼링이 풀리는 시간도 오래 걸리고 화면이 멈추기도 한다. 소리와 화면 싱크가 안 맞는 것도 다반사였다. 답답했을 상황인데 누구 하나 불평이 없다. 그러나 놀랍게도 멈춰 있는 화면을 보며 선교지를 위하여 간절히 통성으로 기도한다는 것이었다.

어떻게 이런 상황에서 기도에 집중할 수 있을까? 은혜를 받을까? 아무런 분위기나 환경도 갖춰지지 않았지만, 그곳에 딱 하나 준비된 것이 기도였다. 그 기도를 통해 시공간을 뛰어넘는 은혜가 각 지역에 동일하게 부어졌다. 화면 너머로 간절히 기도하는 캄보디아 청년들을 보니 마음이 뭉클했다.

온 교인들이 각 자리에서, 또는 함께 모여 합심으로 중보했던 기도들이 응답되어 준비기도회 때부터 어마어마한 성령님의 임재를 경험하게 되었다. 내가 말씀과 기도회를 인도하면 현지 선교사님이 실시간으로 통역하여 말씀을 전달해주었다. 나 또한 코로나 시국에 이렇게 단기선교를 할 수 있다는 자체에 감사하여 눈물이 났다. 언어는 다르지만 국경을 뛰어넘어 성령님의 임재가 가득한 시간이었다. 모든 것이 기도의 역사였다.

°

그런데 본 집회를 며칠 앞두고 캄보디아에 코로나가 확산되었다. 선교사님 댁 근처 차이나타운에서도 32명의 확진자가 나오면서 지역 전체에서 모임을 제재하는 상황이 발생했다.

기도를 했는데도 예기치 않은 어려움이 다가오는 것을 나는 정말 많이 경험하였다. 그러나 그때마다 하나님이 주시는 음성은 믿음으로 이 어려움을 통과하면 반드시 하나님께서 일을 행하신다는 것이었다. 코로나 확산이 계속되면서 우리가 선교하려던 캄보디아의 지역도 마스크 착용이 의무화되었다. 선교사님이 전화로 이 소식을 전하며 지금 선교지에 마스크가 필요한데 마스크를 구할 수가 없다고 했다. 그런데 필요한 마스크가 얼마나 되는지를 알려주지 않으며 이런 말을 전했다.

"목사님, 저희 선교지에는 트럭이 준비되어 있습니다!"

"트럭이요?"

"교회를 통해서 시골 학교 전체에 마스크를 제공하면 아무리 제한이 많은 공산국가라도 복음을 전하는 데 큰 도움이 될 것입니다."

마스크를 한 트럭 가득 담으려면 마스크가 최소 십만 장 정도가 필요했다. '일단 기도해보자.' 나는 그 자리에서 무릎을 꿇었다. 현실적으로 필요한 액수를 셈하기보다 그 시간에 하나님께 구하는 것이 내게는 가장 빠른 방법이었다.

주님께 구하자 어떤 통로로든 반드시 채워주실 것을 확신하게 되어 더욱 간절히 기도했다. 일주일 동안 하루에 3시간씩, 캄보디아 단기선교와 필요한 물품을 채워주시기를 기도했다. 기도하면 할수록 하나님께서는 쌓인 기도를 반드시 기억하시는 분이라는 믿음이 들어왔다. 이전에 베트남 선교를 위해 쌓았던 기도가 떠오르면서 이번 캄보디아 선교에서 응답될 것이라는 감동이 들자 평안함이 찾아왔다. 그런데 기도를 마치자마자 기적 같은 일이 벌어졌다. 화장품 수출 사업을 하는 우리 교회 권사님에게 전화가 온 것이다.

"안녕하세요, 목사님. 제가 마스크 5만 장을 후원하고 싶은데요."

마스크를 위해 기도하는데 바로 마스크를 후원하겠다는 사람이 나타나다니, 타이밍 또한 대단했다. 전화가 온 지 2시간 후, 교회 주차장에 거대한 트럭 두 대가 들어왔다는 소식이 전해졌다. 트럭 문이 열리자 거대한 상자들이 모습을 드러냈다. 나는 내 눈을 의심했다. 상자에는 마스크가 가득 차 있었다. 놀랍게도 오는 도중에 수량이 5만 장에서 20만 장으로 변경되었다고 한다. 권사님도 그 이유는 모른다고 했다. 게다가 한 달 전에 마스크를 기부할 여러 기관이 있었는데, 예정된 날짜보다 무려 2주나 빨리 도착하는 바람에 20만 장의 마스크가 1톤 트럭에 실려왔다는 것이다.

나는 일주일 전부터 기도했는데, 하나님은 벌써 한 달 전부터 마스크를 준비하셨다. 하나님의 타이밍은 우리의 걱정보다 훨씬 빠르고 절묘하고 완벽했다. 그렇게 선교사님의 믿음대로 트럭에 가득 마스크를 채워 캄보디아에 보낼 수 있었다. 단기선교 전 미리 보여주신 하나님의 놀라운 일하심이었다.

°

드디어 온라인 단기선교 당일, 한국과 캄보디아 현지에서 똑같은 단체 티셔츠를 나눠 입고 줌 화면을 보며 함께 예배를 드렸다. 그 장면에 전율을 느꼈다. 아무리 버퍼링이 많아도 그 은혜의 감격을 막지 못했다. 한국뿐 아니라 캄보디아 아이들에게도 기도의 불이 타올랐다. 기도는 인종과 국가 그리고 열악한 상황을 초월할 수 있는 최고의 해결책임을 깨달았다. 할렐루야!

또한 미리 보낸 선물들을 캄보디아 아이들에게 나누어주었다. 선물을 받고 행복해하는 아이들을 모니터를 바라보기만 해도 기쁨과 감사가 가득한 시간이었다. 서로 언어가 달라도 같은 찬양을 불렀다. 우리가 서로 달라도 성령님은 한 분이시니 한 성령 안에 동일한 은혜를 주신다는 것을 깨달았다.

말씀 이후 기도회 시간을 통해 현지에 있는 많은 영혼이 복음을 받아들이기로 결단했다고 한다. 온라인을 넘어 영혼 구원의 역사가 일어난 것이다. 순종함으로 기도를 쌓을 때 하나님의 일하심은 국경도, 시간도, 우리의 예상도 다 초월하여 일하셨다.

정답은 포기하지 않는 기도다. 이처럼 코로나 상황 가운데에도 성도들은 오히려 더 풍성한 기도를 쌓아갔다. 다시 대면예배가 열릴 때 쌓인 기도로 인해 우리가 더 급속도로 회복되며 부흥하는 원동력이 되었다. 기도는 전지전능하신 하나님의 일하심을 볼 수 있는 가장 큰 힘이다.

그를 향하여 우리가 가진 바 담대함이 이것이니 그의 뜻대로 무엇을 구하면 들으심이라 _요일 5:14

----

11 선포기도로 여는 부흥의 시대

목양실의 기도 방석에 앉아 기도하던 어느 날이었다. 마치 새로운 차원의 문이 열리는 것처럼 확 깨달아졌던 사실이 하나 있었다. 성경에 나와 있는 말씀이지만 그날따라 내 안에 레마의 말씀으로 강력하게 역사하였다. 주님이 내 안에 계셔서, 나와 한 영으로 계셔서, 내 안에 주님으로 인해 입술로 하는 모든 말에 능력이 있다는 사실이었다. 우리는 피조물이지만 우리를 하나님의 형상대로 만드셨기에 하나님으로부터 위임받은 통치권이 있다는 사실을 믿음으로 인식하고 말로 선포해야 한다는 사실이었다. 실제로 이와 같은 선포의 원리를 토대로 기도할 때 더 깊은 영적 세계로 들어갈 수 있었다. 하나님의 말씀을 말하는 것은 곧 창조의 능력, 창조의 권세가 회복되는 것이다.

구약 시대에는 말씀을 손목에 매기도 하고 이마에도 붙여가며 항상 생각하고, 집 문설주와 대문에도 써서 붙이며 말씀을 상기했는데, 21세기를 살고 있는 우리 성도들에게는 어떻게 말씀을 상기시켜야 할까? 오랜 시간 기도하며 얻게 된 방법들이 선포 캘린더, 선포 카드, 말씀 기도 등이었다. 말씀을 선포하기만 해도 치유와 회복의 능력이 있다는 것을 성도들도 경험하기를 바랐다.

한 번은 교역자 한 명이 담석증으로 고통받고 있었다. 부드러운 음식조차 잘 먹지 못했고, 물만 마셔도 어지럼증을 느낀다고 했다. 날이 갈수록 야위어가는 모습에 주변에서 걱정이 많았다.

의사는 3주 정도 경과를 보고 차도가 없으면 수술을 하라고 했다 한다. 그런데 병원을 다녀온 후에도 사역자의 얼굴에서 염려의 기색이 전혀 보이지 않았다. 도리어 "예수 이름으로 나는 나았습니다!" 당차게 선포하는 목소리까지 몇 번 들었다. 혼자 있을 때 수시로 선포하는 것 같았다. 하루에도 몇 번씩 통증이 찾아오는데도 도리어 담대하게 "통증은 내 것이 아닙니다!"라며 통증을 향해 꾸짖었다고 한다. 그렇게 3주가 지나고 검사를 받으러 가는 날 아침 나에게 이런 카톡이 왔다.

"목사님, 오늘은 V-Day입니다!"

나뿐만 아니라 주변 사역자들에게도 이렇게 이야기했다고 한다. 'V-Day'란 D-Day의 다른 말로 Victory Day, 즉 승리의 날이라는 것이다. 분명 그는 하나님께서 낫게 하시고 질병 가운데 승리를 주실 거라고 확신했다. 그런데 담대해 보이기만 했던 이 사역자에게도 알고 보니 영적 싸움이 있었다. 병원으로 가는 택시 안에서 수시로 낙심과 염려하는 마음이 들어왔다고 한다. '혹시 낫지 않았으면 어떡하지, 도리어 담석의 크기가 커졌으면 어떡하지?' 하는 걱정이 들었다는 것이다. 그럼에도 흔들리지 않고 계속 선포했다고 한다. 몸의 상태와 상황에 근거하지 않고 말씀을 근거하여 선포할 때, 내 영이 듣고 하나님이 들으신다는 사실을 굳게 붙든 것이다.

믿음으로 선포한 그는 결국 수술을 안 해도 된다는 기쁜 소식을 듣고 교회로 돌아왔다. 그의 당찬 선포는 다른 사역자들에게 말씀 선포의 중요성을 일깨워주는 계기가 되었다. "나의 하는 일을 그도 할 것이요 또한 그보다 큰 일도 하리니"라고 하신 예수님의 말씀은 21세기에도 동일하게 이루어지고 있었다.

선포의 능력은 최근 하나님께서 계속 감동을 주시는 부분이기도 하다. 특히 금요성령집회를 인도할 때마다 강력한 감동이 된다. 특정 병명을 지목하여 나았음을 선포하라는 감동이다. 때때로 이런 감동이 내게 엄청난 부담이 될 때도 있다. '콕 집어 병명을 말했다가 틀리면 어떡하나요?' 하는 생각도 든다. 나는 부흥회 강사가 아니라 담임 목회자이기에 부담은 더욱 가중되었다.

그런데 왠지 하나님의 음성을 계속 거부하는 것이 죄송해서, 결국 정말 아무것도 바라지 않고 믿음만으로 선포를 했다. 그러면 그다음날 바로 간증문이 날아오곤 했다. 그리고 선포를 통해 치유가 일어나는 역사를 매주 예배마다 목도하게 되었다.

어느 순간부터인가 하나님께서는 이 선포를 계속 외치기를 원하신다는 것이 깨달아졌다. 그런데 하나님께서 가장 원하시는 것은 선포한 질병뿐만이 아니었다. 모든 성도의 기도 제목에 동일하게 역사하신다는 점에 초점을 맞추기 원하셨다. 하나님께서는 기도가 쌓인 제단에 하늘 문을 활짝 열어주신다. 이것이 부흥의 조짐이다.

기도가 쌓이면 변화가 일어나고, 기도가 지속되면 부흥이 일어난다. 나는 확신한다. 바로 지금이 하나님께서 모든 부흥의 문을 열고 일하시는 타이밍이라는 것을 말이다.

내가 진실로 진실로 너희에게 이르노니 나를 믿는 자는 내가 하는 일을 그도 할 것이요 또한 그보다 큰 일도 하리니 이는 내가 아버지께로 감이라

_요 14:12

기도는 계속된다!

지금도 내 목양실에 낡고 해진 방석이 있다. 세월의 흔적이 묻어 있는 낡은 방석이지만 하나님과의 깊은 교제의 흔적이기도 하다. 하나님께서는 매일 기도하는 소년을 긍휼히 여겨주셨다. 가난한 형편 때문에 남들 다니는 학원 한 번 제대로 다녀보지 못했지만 기도하는 소년에게 부어주신 하나님의 은혜만큼은 특별했다. 기도는 마음의 소원을 이루어주시고 능력을 부어주시는 하나님의 가장 확실한 방법이다.

나는 기도이며 삶도 기도가 된다

다윗은 이스라엘의 위대한 왕이었지만 수많은 고난과 역경에 직면했던 사람이다. 시편 109편에서 그는 이렇게 고백한다. "나는 사랑하나 그들은 도리어 나를 대적하니 나는 기도할 뿐이라"(시 109:4). 한글 번역은 "나는 기도할 뿐이라"라고 되어 있지만 원문으로 직역하면 "나는 기도이다"라고 한다. 이것이 나에게 기도에 대한 깊은 인사이트를 주었고 도전이 되었다. 다윗은 그의 삶의 다양한 상황 속에서 기도의 끈을 놓지 않고 기도 자체가 된 것이다. 기도를 하기 위해 한두 시간을 내는 정도가 아닌, 삶이 기도가 된 것이다. 일상이 주님과의 대화이며 간구이고 의탁이었다. 그것이 그의 삶의 방식이었다.

다윗은 시편 19편에서도 이렇게 고백한다. "나의 반석이시요 나의 구속자이신 여호와여 내 입의 말과 마음의 묵상이 주님 앞에 열납되기를 원하나이다"(시 19:14). 다윗은 매 순간 하나님을 기억하고 입술의 말과 마음 가운데 그분을 두었다. 자신의 삶과 하나님을 연결할 줄 아는 자였다. 삶이 다하는 순간까지 하나님은 내 입의 말과 마음의 묵상과 생각까지도 다 아시고 받으시며, 약속대로 응답하실 것을 생각할 때 가슴이 뛴다. 매일의 삶 가운데 다윗처럼 기도가 루틴이 되게 한다면 성령님께서 친히 하늘의 놀라운 세계로 인도해가실 것이라고 확신한다. 이 책이 그 진리를 아는 데 조금이라도 도움이 되기를 기도한다.

기도가 다일까? 그렇다!

돌아보면 하나님의 도우심으로 빚어진 기적 같은 시간들이었다. 동생의 면회를 마치고 돌아오던 날 교통사고로부터 나를 구해주시고, '기도통장'의 원리를 알려주셨던 그 날 이후로 하나님께서는 기도를 통해 하나님의 뜻을 놀랍도록 이루어가셨고, 기도와 온전한 순종의 도구로 나를 써주셨다.

가장 더운 아프리카에서 7년, 동토의 땅 미국 알래스카 7년, 그리고 캘리포니아주 벤추라를 거쳐 지금의 서울 화양감리교회 목회에 이르기까지 가는 곳마다 열매를 거둘 수 있었던 것은 오직 기도의 동력에 있었음을 믿는다. 코로나의 위기 상황에서도 '오직 기도'로 돌파하고 있기에 교회가 오히려 부흥하고 선한 영향력을 더 많이 흘려보낼 수 있었다고 믿는다.

기도가 다일까? 그렇다! 오직 기도만이 하나님의 큰 그림을 완성 시킬 놀라운 방법이다. 기도는 나의 삶 속에 모든 사역 가운데 가장 큰 힘이자 전부였다. 앞으로도 이미 하늘나라 기도 통장에 저축된 기도, 쌓인 기도를 통해 풀어갈 하나님의 큰 그림을 기대한다. 그 그림은 늘 선하고 완전하시다.

기도는 사라지지 않는다

초판 1쇄 발행   2023년 5월 17일
초판 16쇄 발행   2025년 3월 5일

지은이   최상훈

펴낸이   여진구
책임편집   안수경 김도연
편집   이영주 박소영 최현수 구주은 김아진 정아혜
책임디자인   노지현 | 마영애 조은혜 정은혜
홍보 · 외서   진효지
마케팅   김상순 강성민   마케팅지원   최영배 정나영
제작   조영석 허병용   경영지원   김혜경 김경희

303비전성경암송학교 유니게 과정
이슬비전도학교 / 303비전성경암송학교 / 303비전꿈나무장학회

펴낸곳   규장

주소 06770 서울시 서초구 매헌로 16길 20(양재2동) 규장선교센터
전화 02)578-0003   팩스 02)578-7332
이메일 kyujang0691@gmail.com   홈페이지 www.kyujang.com
페이스북 facebook.com/kyujangbook   인스타그램 instagram.com/kyujang_com
카카오스토리 story.kakao.com/kyujangbook
등록일 1978.8.14. 제1-22

책값   뒤표지에 있습니다.
ISBN 979-11-6504-431-2 03230

규 | 장 | 수 | 칙

1. 기도로 기획하고 기도로 제작한다.
2. 오직 그리스도의 성품을 사모하는 독자가 원하고 필요로 하는 책만을 출판한다.
3. 한 활자 한 문장에 온 정성을 쏟는다.
4. 성실과 정확을 생명으로 삼고 일한다.
5. 긍정적이며 적극적인 신앙과 신행일치에의 안내자의 사명을 다한다.
6. 충고와 조언을 항상 감사로 경청한다.
7. 지상목표는 문서선교에 있다.

하나님을 사랑하는 자 곧 그의 뜻대로 부르심을 입은 자들에게는 모든 것이 合力하여 善을 이루느니라(롬 8:28)

규장은 문서를 통해 복음전파와 신앙교육에 주력하는 국제적 출판사들의
협의체인 복음주의출판협회(E.C.P.A:Evangelical Christian Publishers
Association)의 출판정신에 동참하는 회원(Associate Member)입니다.